贾题韬　著

贾题韬讲

坛经

图书在版编目（CIP）数据

贾题韬讲《坛经》/ 贾题韬著. —上海：上海古
籍出版社，2020.9（2025.5重印）
　　（佛典新读）
　　ISBN 978-7-5325-9695-9

Ⅰ.①贾… Ⅱ.①贾… Ⅲ.①禅宗—佛经—中国—唐
代②《六祖坛经》—研究 Ⅳ.①B946.5

中国版本图书馆 CIP 数据核字（2020）第 132646 号

佛典新读
贾题韬讲《坛经》
贾题韬　著

上海古籍出版社出版发行

（上海市闵行区号景路 159 弄 1-5 号 A 座 5F　邮政编码 201101）

（1）网址：www.guji.com.cn

（2）E-mail：guji1@guji.com.cn

（3）易文网网址：www.ewen.co

上海惠敦印务科技有限公司印刷

开本 890×1240　1/32　印张 8.875　插页 5　字数 142,000

2020 年 9 月第 1 版　2025 年 5 月第 6 次印刷

印数：9,701-11,800

ISBN 978-7-5325-9695-9

B·1168　定价：48.00 元

如有质量问题，请与承印公司联系

序 言

　　这次讲座，是与大家一起学习六祖大师的《坛经》。前两年，我和一些朋友在成都文殊院曾就《坛经》办了一个讲座，一月两次，但至今没有讲完。今天与大家一起，再一次共同学习，也是因缘而起的一件幸事。我希望在这集中的短期内，能一鼓作气地把《坛经》的主要内容和重要的旨趣向大家作一番介绍。

　　《坛经》是禅宗最重要的经典，而禅宗则是中国佛教史上最重要的一个宗派。《坛经》是禅宗的奠基之作，对唐代以来中国佛教的发展有极为重要的影响。今天的人读《坛经》，有的感到深，有的感到浅，有的感受平平，有的倍受鼓舞。不管怎样，现在许多中青年总有与佛教文化隔了一层的感觉，这当然有时代的关系。没有受到传统的寺庙文化的熏陶，没有好的师承，没有实际去修持，仅仅从一些书本上阅读而获得的那一点表皮知识，是难以深入到佛教内部领域的。另外，不了解中国的佛教史、禅宗史，仅读一部《坛经》，当然也不易于品尝到其中的滋味。但是，如果迫切于人生问题的探讨，真正有心于佛教、有心于禅宗的朋友，通过一个适当时期的研究，再通过对《坛经》的学习和师友一起的切磋，结合对中国佛教史、禅宗史有较为全面的认识，或许在某一时刻，因六祖大师的开示，使我们接触到佛教的真谛，也就是人生宇宙的真谛，那就值得庆幸了。我希望在这一次的讲座中，能有一些同学达到上面所说的目的。请记住：真理面前，释迦也无可骄傲的，牧童桑女甚至盲、聋、喑、哑，也是无所退让的。

贾题韬

一九九二年十二月

前　言

禅宗是中国文化的专题

诞生于印度的佛教，传入中国的时间大约在西汉末、东汉初这一段时期内。而佛教传入之前，中华民族的文化已是相当繁荣和强盛了。中国是世界上四大文明古国之一，通过夏商周三代，特别是春秋战国时期的百家争鸣和诸子学说的融合，形成了以儒家、道家学说为主体的华夏文化，并造就了东方世界唯一强盛的汉帝国。

学佛的人不要小看儒家文化和道家文化，同样，学儒的人也不能小看佛教文化，它们三家，在中国通过两千多年的反复较量，谁也排斥不了谁，终于相互融合，共同形成了中华民族文化的核心。正如今天的西方文明不能轻视东方文明一样，东方文明也不必排斥西方文明，两者都是人类创造的文化精品，关键是在更高的层次上加以融合。

佛教在中国的发展，历史上可以分为两个阶段。一是吸收阶段，从东汉到魏晋南北朝，一直到隋唐这么七八百年的时间。在这一时期内，中国基本上都是在吸收印度传来的佛教文化，绝大多数的佛教经典，就是在这一时期翻译过来的。第二个阶段是佛教中国化的阶段。隋唐以来，天台、华严、特别是禅宗的形成和发展，表明了佛教在中国已具有特色，逐渐走上独立发展的道路，成为了中华民族文化的重要组成部分。

隋唐是这两个阶段的转折点。唐代贞观年间，玄奘大师从印度留学归来后，使当时中国的佛学水平，已非印学所能范围。这是一个重要的标志，表明中国向印度学习佛教文化的漫长历史过程已经结束，并在隋唐时期形成两小宗、八大派。两小宗是属于小乘的成实宗和俱舍宗，这两小宗实际上在中国都是大乘宗派的附属。大乘八大派有天台宗、三论宗、唯识宗、华严宗、禅宗、律宗、净土宗和密宗。中国从汉到唐都是世界性的大国，以儒家文化和道家文化为核心的民族文化，造就了中华民族求同存异的宽广胸怀。所以许多印度高僧都说中国人有"大乘气象"，而从事佛教文化研究和修行的中国人，的确大多数都喜好大乘，那些著名高僧都有深厚的儒道文化素养。就中国佛教的八大宗派而言，三论、唯识、律宗和密宗这几派的印度文化的气息就比较显著，而天台、华严、禅宗，则中国文化的气息就重得多——在印度是难以找到这种文化气息的。其中，先有隋代智者大师开创的天台宗，以"一念三千"说明实相；以"空、假、中"、"三谛圆融"来阐明止观；更以"五时八教"对释迦一代时教作全面的判解，实为天台宗之精华与特点，在中国佛教各大宗派中，最早成一家之言。

隋末唐初，吉藏开创三论宗，他师从释迦言教，继承龙树—鸠摩罗什以来的中观思想，提出"二藏三轮"的判教主张，认为"真、俗二谛"概括了释迦言教的全体，言教外别无所谓"二谛"的理境；更以"八不中道"、"四重玄意"层剃空有，无论立、破，均归于"无所得"；更提出了"若于无所得人，不但空为佛性，一切草木并是佛性"的主张。

唐玄奘大师归国后，对佛经的翻译，无论在质量和数量上都超过了前人，共译经75部，1335卷，以《瑜伽师地论》、《俱舍论》、《大般若经》为中心，展现了印度佛教的全貌。并对与这三部经有关的经论，都作了相应的翻译和介绍，使人较为清楚地了解印度佛教发展的脉络。这种治学的气象，为印度学者所无，中国古代亦仅有玄奘一人。尤其是玄奘对《成唯识论》的编译，精深博大，成为历史上唯识学的唯一代表作；关于因明方法的应用，以至在印度所立论的"真唯识量"的绝对成就，也是印度因明中所无，实为玄奘大师的独创。唯识学的创立，为整个佛教理论的圆满，乃至对整个人类文明都有极其重要的作用。

法藏大师创立华严宗，虽借鉴于天台、三论及玄类的瑜伽学说，但其特标"别教一乘"、"法界缘起无尽"则殊胜无匹。他把生死、涅槃、真俗、本末、因果等种种二相分别，全都归入"法界缘起"，点出了"因彻果海，果彻因源"这一令人观止的宏大精深的菩萨境界。从教理出发，依据人们思想所能达到的理境，华严宗可以说是登峰造极，无与伦比。

下面紧接着是禅宗的创立。虽传说禅宗肇始于齐梁，由印度第二十八代祖师达摩把释迦"拈花正宗"传入中国，但真正的开山祖师应是六祖慧能。禅宗是从分析名相、辩驳教理的百家争鸣盛况中站出来，独树"不立文字，教外别传"的大旗，提倡"单传直指"，把佛教的"四出四人"全都会归于心，摆脱了一切教条的笼罗，并与生活打成一片，从生活中体验身心性命、人生宇宙的真谛。在师徒授受方面，更是在日用动静的起心动念、嬉笑怒骂、吹歌弹唱、激扬指点、杀活纵夺中实施。这虽然是马祖之后才大见开展，但具体端倪，都为《坛经》所蕴涵。故使禅宗成为似宗教而非宗教，似哲学而非哲学，似艺术而非艺术。这不但对佛教具有革命性，为各个欲得人生解脱的人们创造了一个历史上举世全无的特殊思想体系。有的学者把禅宗作为佛教中国化的典型，甚至认为禅宗的优点，在儒学内部本来就有，而儒学的思想，有的部分为禅宗所无。其实不然，禅宗许多特点都带有儒学或道家等中国文化的思想。但是，禅宗的根本目的，是在于彻证"无生法忍"。这是印度佛教思想的精华所在，为中土文化所无。而禅宗内浸透了这一点，所以毫无疑问是接受了佛教思想，才能开出这样璀璨光明的花朵。

也有一些人对"中国化的佛教"不以为然，认为既是佛教，就应以印度佛教为标准。我认为，讲学术，讲文化包括佛教文化，都不应该抹杀时代、地域、民族这些现实的存在。佛教讲缘起，这些都是缘起法的重要内容。用这种方法来看，说禅宗乃至天台、华严是中国文化发展的产物，本来就是中华民族的骄傲和光荣，这是中华民族消化吸收印度文化后所绽放的花朵。如果不懂得禅宗（还包括天台、华严），那么从隋唐至宋元以后中国文化你就深入不了。宋明理学表面上是儒学，而骨子里却是禅学，它的形成和发展，自觉和不自觉地受到了禅宗绝大的影响。如果在宋明理学中抽取出禅宗的成分，宋明理学就会黯然失色。这样，中国思想史、中国哲学史就讲不下去。另外，在唐末至五代之后，禅宗成为了中国佛教的主流和核心，那段时期的中国，禅宗就代表着佛教。所以说，禅宗在中国文化史中是一个专题，不了解禅宗，就没有资格说了解了中国文化。深入研究中国佛教史就可以看到，如果没有禅宗，中国佛教是难以承受唐武宗灭法运动打击的。在那次遍及全国的灭法运动中，佛教在中国，除禅宗外的所有宗派都全军覆没了。这些宗派，失去了寺庙、寺庙经济和经典文化的支撑，就难以有生存能力（印度后期佛教也是如此）。事实也是如此，唯识、三论、天台、华严、律宗和密宗在那次打击之后就一蹶不振，有的便永远地消失了。只有六祖大师开创的禅宗，不仅安然地度过了这一劫难，反而如雨后春笋一般迅速发展，在灭法运动后的几十年间遍布全国，取得了中国佛教的主导地位。所以，如果没有禅宗，佛教在中国的生命能否延续至今就成了问题。而历史本身也表明了，唐末灭法这一千多年来，中国佛教的发展，主要就是禅宗的发展（不包括藏传佛教）。正是因为禅宗结合了中国文化的实际，所以才有如此绵长、如此辉煌的发展，也才有今天波及欧美世界的能力。

大家知道唯识法相这一宗派。玄奘大师到了印度，在那烂陀寺求学，这可是印度当时的最高学府。在留学期间，玄奘大师几乎学尽了印度佛教，并且成就超越了他的老师，成为印度当时最优秀、最权威的大师。梁启超先生曾经写过一篇文章：《千二百年前的留学生》，讲玄奘大师在印度备受尊重，全世界当时像玄奘大师这样的留学生是没法找的。当时印度有两个部落，为了争取玄奘讲经而大动干戈。玄奘大师在中国译经，成就是超越前人的，不论文采和逻辑，其严密、庞博和系统，是前人无法比拟的，在中国也曾轰动一时。唐太宗对他极为尊敬，曾集王羲之的字为玄奘作了那篇有名的《三藏圣教序》。但玄奘大师所传的法，也就是唯识宗，在中国只传了四代，以后就传不下去了。这么好的东西为什么传不下去呢？其主要原因，就是其学术方法与中国人不那么融合，中国人喜欢简洁，对繁琐的印度经院哲学不感兴趣。今天的学者们，若读那套经论，同样会感到头痛和不耐烦。所以除极少数专业学者之外，大多数僧人、士大夫是钻不进去的，遂难以产生大的社会影响，也难以在社会中、在民众中普及。所以唯识宗只传了四代就销声匿迹了。三论宗、密宗也是这个原因，当然还有上面提到的唐武宗灭法这个因素。

诸宗消沉、禅宗独盛的原因是什么呢？大家知道，禅宗的旗帜是"教外别传，不立文字，直指人心，见性成佛"。由于禅宗在当时没有寺院、寺院经济及经典文献上的包袱，唐武宗灭佛几乎毁坏了全国的寺院和典章文献，但却没有伤到禅宗的一根毫毛；同时，禅宗的方法简捷可行，与传统的儒道思想方法不相矛盾，并能贯穿和深化儒道思想，易为士大夫们接受，有普及性；另外，禅宗本身含摄了佛教的全部精义，有蓬勃的生命力，一个禅者本身就是一粒种子，不论在什么样的环境中都可以生根、发芽、开花、结果。禅宗的这些特点，较其他诸宗有不可比拟的优越性，遂使它在一千多年的历史中成为中国佛教的主流和主体。

禅是印度语，有静虑、思维修、定等多层含义。大乘佛教讲六度万行。中国佛教在此基础上又归纳为戒、定、慧三学。戒是约束，定是收心，在此基础上引发智慧。有了智慧，就可以断除无明，超越三界而成佛。

以印度佛教而言，"禅"、"禅那"就是禅定，静虑。其功行和含义是扫除精神中的杂质，进入最优越的思维程序，并且把精神中的"力"集中起来，对所研究的对象加以深切的关注和体会。禅与般若的智慧是并行的，与戒一样，是单独的一个学科，它们的统一是在修行者的更高层次上。这里的禅，还不是禅宗之禅，要知道，在印度佛教里是没有禅宗的。

禅宗既然是佛教里的一个宗派，为什么要称自己是"教外别传"呢？禅宗产生于佛教鼎盛的盛唐，当时天台、唯识、华严、三论几大宗派在学术上极为繁荣，是中国佛学的黄金时代。禅宗认为这些派别都是通过语言文字、善于使用逻辑思维来阐扬佛教的，故称之为"教下"。而禅宗自称为"宗下"——宗者，万法归宗也。禅宗认为，这些讲经释论的人，说的是空头理论，听起来头头是道，但具体个人却往往在戒定慧上功行不够，教理愈演愈繁，学习者个人的体验证悟并没有多少。禅宗针对这种状况，就特别强调修行的实践，并在其中了生脱死，当下解脱，顿悟成佛。禅宗认为这是佛法归宗之处，所以特别加以强调。如教下常讲"六七因中转，五八果上圆"。这应该停留在理论上的探讨、阐述呢，还是为人直接在"转""圆"上用功呢？禅宗强调的是后者，并在实践中总结出许多切实可行的方法，所以在中国历史文化中形成了一个专题。这不是一二十天能讲完讲透的，这里我们以《坛经》为契机，使大家能有一个较为清晰的轮廓。

学佛的目的在于真实受用

印度达摩祖师是中国禅宗公认的"初祖"——开山祖师，传说梁武帝时期来到中国。达摩出身于印度贵族家庭，是一个优秀的学者和实践家。他在中国传的法与其他宗派有什么不同呢？大家不妨听听。不过这里是依据禅宗灯录上讲的，不是依据《高僧传》和其他的一些有关达摩的记载来讲，因为讲禅宗，当然得用灯录。

在《景德传灯录》、《五灯会元》等许多灯录上都记载了这么一个故事：释迦牟尼佛有次在灵山会上，面对百万人天听众一言不发，只举起一朵花来开示大家。"百万人天"全都莫名其妙，唯有迦叶尊者破颜一笑。佛便说："吾有正法眼藏，涅槃妙心，实相无相，微妙法门，不立文字，教外别传，付嘱摩诃迦叶。"这个故事叫"灵山拈花"，许多文学作品中的"拈花一笑"就出自于此。这个"法"是怎么"传"的呢？根本没有传，就是佛在这里拈了一下花，迦叶在那边笑了一笑而已。但这样是"印心"，以心印心，以我的心，印你的心，轻松自在，什么也没有，而无上妙法却实实在在就这样传下去了，而且一代二代三代，一直传到二十八代的达摩。达摩看到中国有大乘气象，于是乘船到中国建立禅宗。从达摩、二祖、三祖、四祖、五祖，都是这样传的法，都没有用语言文字来表达，非常微妙。你如果用现在的分别心，用判断、分析、归纳等逻辑思维方法，试图去测度、了解、把握，是绝对无益的，进不去的，所以称为"不立文字"，称为"教外别传"。

有些人认为"灵山拈花"这则公案在印度大小乘经论里没有记载，因而对此产生了怀疑，这是自然的。在宋朝时有这样的记载：王安石是宰相，也是一个佛教徒，自号"半山居士"。有一次他问慧泉禅师：灵山拈花公案出自何处？这位著名的禅师也不知道，说历代祖师们都这样说，但没有人查到过出处。王安石说这个公案的出处我知道，我在皇上的图书馆里看到过一本《梵天问佛决疑经》，里面就记载了这个公案。虽然有这么个记载，可历史上中国的僧人们从来未见过这部经，也没有人提到过这部经。前几年我在北京佛学院讲课，在图书馆里翻阅日本《卐续藏经》时，看到其中居然收集有这部经，里面的确有"灵山拈花"的记载，与禅宗灯录中所说的差不多。不过，这部经不知是什么时候伪造出来的，里面还讲阴阳五行之类的东西。阴阳五行是中国人的专利，印度是没有这套东西的。说它是后人造的也没有什么不好，这个公案的确很美，很巧，充分体现了禅宗的特点和灵气。

从古到今，历来都有一些否定禅宗的议论，如"灵山拈花"是杜撰的，西天二十八祖是杜撰的，《坛经》的作者不是六祖大师等等。如果从历史学、考据学的方法上探讨，这些议论也未必没有道理。以这种方法穷追下去，释迦佛、老子、庄子、耶稣等许多历史人物是否真有其人都可以打上问号。但是佛教不是历史学，不是考据学，而是帮助我们解脱生死苦海的学问与实践。学佛的目的在于人生的真实受用，而不在于其他世间学问。

我有个譬喻，我贾题韬大家不会怀疑是否真有其人吧？如果要考证我这个人，就必须考证我祖父、曾祖父、太祖父，乃至始祖一元公是谁，才能证明我贾题韬是否是合理的存在，这未免太荒谬了吧！对不起，我也说不清我太祖父以上的情况了，连名字都记不得了，是否我就没有这些先人了呢？当然不对。有我的存在，在我之前就必然有我的历代先人。试问，能把一个家谱背上几十代有何意义？考据固然是一门学问，但我们研究佛教的重点，应是它的思想体系和我们身心性命的实践。佛教的存在，禅宗的存在是个事实，我们应当根据现在佛教的情况去联系历史上的发展，从而弄清楚其思想体系和实践方法就行了。释迦佛活了80岁还是释迦佛，活了79岁还是释迦佛，说他只活了60岁还是释迦佛，但这些考证对整个佛教有何相关？对自己的修行有何相关？

任何宗教都有它的追求，信奉的是绝对的对象。以天主教来说，它信奉上帝，上帝是神，是绝对的，最后的归宿根本不必考虑。上帝产生于哪个时代，那是无法考证的。但对天主教徒来说，相信上帝就行了，天主教就成立了。现在有些研究佛教的人向外国人学那些繁琐的历史方法，很时髦，点大的事就要写出砖头厚的书，结果什么问题也没有弄清楚。所以，我们研究禅宗，知道西天有二十八祖的传说就行了，只要有人把印度的佛教传入中国，这就足够了。我们就可以依法修行，依教修行，以求解脱。人生无常，生死事大，百年光阴弹指即逝。我们学习的目的就是要在这个上面得到真实的用处，这是人生最要紧的事情。

《坛经》的特点

禅宗的典籍很多，在藏经里就有四百多部，数以千卷记。为什么要向大家介绍《坛经》呢？首先，六祖慧能大师是真正意义上禅宗的开山祖师，是禅宗的源头，而以上五代祖师还不具备这样的意义。对这点，以后将要谈到。第二，《坛经》内容丰富、生动、精深而质朴，对唐代的中观、天台、唯识、华严、净土都有涉及。这就便于结合各大宗派进行比较和分析，观其异同，便可以从中看到禅宗在佛教内的地位和特点。第三，《坛经》是语录体，文字简明易读，不像后来的公案晦涩艰深，局外人无从下手。基于以上三点，我选择《坛经》作为阐述禅宗的蓝本。还有，禅宗以后无论怎么发展、演变，都可以在《坛经》中看到其中的原型。了解了《坛经》，悟出了其中的真趣，你就可以在禅海中自由畅泳，痛饮甘露；你就可以与历代祖师畅所欲言，交朋结友；在现实生活中你会感到脚跟落地，并与环境融为一体……总之，希望大家珍惜这次共同学习的因缘。

《坛经》及其几种版本

在学习《坛经》之前，我先就《坛经》其书的由来，几种版本的同异，简约谈谈我的看法。这涉及宗教修行方法与一般学习研究方法在"方法"上的巨大鸿沟。关于这点，我在前面已有所提示。

首先回顾一下《坛经》在历史中的面貌。《坛经》是由六祖大师宣讲，其弟子法海记录而成的。为什么取名《坛经》呢？这因为六祖是在广州光孝寺受的戒，受戒之处有个戒坛，此戒坛传说是南朝刘宋时期一个名叫求那跋陀罗三藏法师的印度高僧所建。这位印度高僧对中国佛教贡献很大，翻译了许多佛经，他说光孝寺地方很好，并立碑预言说后世有肉身菩萨在此受戒。

六祖在五祖那里得法后回到广东，隐居了15年才到光孝寺。印宗法师是该寺的方丈，他请六祖说法，但六祖当时还是行者而不是比丘，所以印宗法师就给六祖剃发、授戒。受了比丘戒后，六祖就在戒坛上开始说法。弟子把六祖的法语记录下来后，加了一个总题目，就是《坛经》。当然，《坛经》里讲的内容并不都是在这里讲的，但第一次是在这里讲的，所以特别把这个因缘点出来。

据说六祖不识字，但从记录来看，也可能认得一些字，不过文化程度是很低的。所以《坛经》记录下来的基本是白话，不像其他佛教经论那么难读，从中也可以看到记录人的文化也不高。

《坛经》在当时是手抄本，没有刻版发行。最初的抄本与后来历代的刻版有许多不同之处。据《景德传灯录》载，六祖第一代弟子南阳慧忠国师，就批评一些人篡改《坛经》，他说："把《坛经》改换，添糅鄙谈，削除圣意，岂成言教！"但后来的几种《坛经》流行本，却为禅宗接受，没有什么不好的反映。《坛经》在国内流行的主要有四种版本：第一就是六祖弟子法海记录的原本，叫法海本，法海本是清末在敦煌发现的写本，唐末以来，在世上没有得到流传；二是唐代惠昕和尚传下来的，惠昕本和法海本相较，内容、字句、数量上就有了一些出入；到了宋代，杭州灵隐寺的名僧契嵩又传出一个本子，契嵩本的内容就更多一些，与法海本的出入也更大一些；到了元代，广州光孝寺的宗宝和尚又传出一个本子，内容最多，约2.4万字，比法海本多了一倍。宗宝本由于文字畅美，境界通达，比前面的几个本子都好，所以长期以来，几乎成为《坛经》唯一的流行本。我们今天学习的，就选用这个宗宝本。

有人因为《坛经》历经修改，就认为是伪经，就不愿意学；有的认为只有敦煌本最可靠，其他的不可靠。其实这些看法是不必要的，你能在世界上找到几样自古至今就是原封原样，没有变动过的东西吗？现在一个部门要下一个文件，或作一场报告，不知要修改多少次。一个成熟的作品，常常需多次的修改，这是自然的正常的现象。《坛经》的中心意思没有变，仍是六祖的原意，其文字后代禅师们是有所修改，但改得好，使六祖大师的禅法显得更简易、更明白、更易于人们的接受，这是大好事。我们偏重于实践的通畅和义理的抉择，没有必要把重点放在历史的考证上，那是历史学家的事，我们了解一些就行了。这个问题前几年在文殊院讲《坛经》时，我曾重点强调过，今天再重复一下。我偏重于使自己能得受用，为大家提供精神食粮，就是希望大家能在人生问题上打开一个缺口，找到一个出路。

对大家的希望

下面就准备开讲了，讲《坛经》之前，谈一下我对大家的希望。一是希望大家能认识禅宗，认识禅宗的思想体系。二是希望大家能在这次学习中得到一些正知正见。第三，说得高一些，希望能有同学在这次因缘中开悟。承担佛法不是一件小事，没有真正的力量是不行的。当今的世界可不是古代社会，是科学昌明、文化发达、技术先进的时代，要在这样的时代中振兴佛法，没有高于时代的眼界胸襟，没有真正的见地和力量是不行的。这些力量必须从修行中来，从见地中来，而不应从烦恼、分别心的意气中来。没有澡雪过的精神，而用人欲产生的那些聪明，只会把人间越弄越糟。所以，我希望大家如法修行，要明白"三界唯心，万法唯识"的道理。自己就是一个完整的宇宙，把自己充实了，完美了，改造现实世界就有极大的力量，能把自己改造得好，就一定能把自己的环境改造好。而赋予你最大力量的，就是开悟。

下面我们开始学习《坛经》。

目　录

六祖大师法宝坛经

六祖大师法宝坛经

　　《坛经》为什么说是"法宝"呢？通俗地说，《坛经》就是诸法之宝，我们依据《坛经》所说的法来指导我们的思想、行动、修行，就可以解脱于烦恼，得到人生的自由，并彻底地了脱生死，所以叫"法宝"。

　　为什么称六祖为"大师"呢？在佛教中，大师就是佛，他的言行可以作为人天的规范，故称大师。大师又叫天人师，既是人间、又是天人的老师。大师可不是随便称呼的，有的人学佛有一些成就，佛学也好，弟子也多，应该受到社会的尊敬，但也不能动辄奉承为大师。在历史上，能如玄奘大师、六祖大师那样的人并不多，要明白其中的分寸。

行由品第一

　　时大师至宝林，韶州韦刺史与官僚入山，请师出，于城中大梵寺讲堂，为众开缘说法。师升座次，刺史官僚三十余人，儒宗学士三十余人，僧尼道俗一千余人，同时作礼，愿闻法要。大师告众曰："善知识，菩提自性，本来清净，但用此心，直了成佛。善知识，且听慧能行由得法事意。"

　　第一品是行由品。行由，就是经历；品，就是章。这一品主要讲六祖大师的得法经过。佛经每部的开头都有一个特点，就是"如是我闻，一时佛在……。"到底是何年何月何日，经中都不作具体的交待，使人有种佛就在我们面前，现在就在说法的感受。《坛经》也用这种体例，只用了"时"，省去了那些不必要的时间范畴。"宝林"就是宝林寺，在广东韶州曹溪，韶州就是现在广东的韶关市。刺史是汉代官名，相当于省一级的最高军政长官。唐代借用这一名称，不过只相当于现在地市一级的长官。

　　这里可以看到弘法与社会各阶层的拥护有关，六祖大师弘法，就得到了当地最高领导的支持和拥护。佛教对我们来说是人间佛教，必须面向整个社会，不是关起门来在山里修行一辈子。对社会、对人类不关心，就不是佛教了。

在这一段中，韦刺史和千余僧俗信众礼请六祖大师开示，六祖于是升座说法。注意这一段，全部《坛经》，乃至整个禅宗的大意，可以说都含摄在六祖的这几句开示中："善知识，菩提自性，本来清净，但用此心，直了成佛。"大家千万注意这几句，可以当作日常功课常常诵读观照，久后自有佳音。"善知识"是佛教的专用名词，指可以帮助我们修行，建立正知正见，趋向涅槃，了生脱死的老师。一般佛教徒出于自谦，常常称他人为善知识以随喜。菩提是印度语，即觉悟。佛教认为我们每个人都有佛性，都有我们成佛的依据。自性就是佛性本身，它不离开觉性，并且本来就是清净的。如果它不清净，又怎能成为成佛的依据呢？既然每个人都有菩提自性，这个自性又本自清净，所以我们就可以"但用此心，直了成佛"。

自性、此心到底是什么呢？现在经常都有人说应该自己了解自己，如"三省吾身"、"自知者明"等等，这当然是自我认识的必需功夫。但佛教——禅宗认为，这不够，不彻底，这样的省察、观照自己当然了不起，但还须继续深入。我现在问你：父母没有生下你以前，你是什么模样，又在什么地方？百年后烧成灰，你又什么模样，又在什么地方？生前死后，到底有没有你？如果说没有，那你学佛是白学了；如果说有，那又在何处，你答得出一句来吗？这是祖师们经常验人的刀口，一般的学人是过不了这个关口的。所以说你并不是真正了解了自己，如果真的认识到了，你就立地成佛。菩提自性就是你的佛性，只要直下了解了自己这个心，就能成佛。

这是禅宗里极为扼要的几句话，很有概括性。你如果要问禅门中人为什么能成佛，得到的回答就是如此简单和明白：因为你有佛性，自己了解自己就成佛了。学禅不要向外求，禅并不在外面，自己就自足自有的啊！但人们总是不相信自己，在外面东抓西抓，反而把自己捆住了，不能直下见性证入涅槃。涅槃是宇宙人生的实相，不是在宇宙人生之外。正因为如此，顿悟成佛才有可能。正因为你自己的那个心，本质就是涅槃，所以不要绕圈子，直下顿悟就能成佛。对这点，学禅的人必须有坚定的信念。

> 慧能严父，本贯范阳，左降流于岭南，作新州百姓。此身不幸，父又早亡，老母孤遗，移来南海，艰辛贫乏，于市卖柴。时有一客买柴，使令送至店，客收去，慧能得钱，却出门外，见一客诵经。慧能一闻经语，心即开悟。

这是六祖得法因缘的前奏。要注意这一段在全部《坛经》中的地位。从这段六祖"一闻经语，心即开悟"到后来在五祖那里"言下大悟"是一个有过程的悟入整体，没有此时的"心即开悟"，便没有后来的"言下大悟"。对这个过程，我们在这一品中应留心参究。

六祖的祖籍是河北范阳，父亲被罢了官，到了广东。唐代中原地区的官吏，犯了错误，或得罪了权贵，往往都会被"左降"，即给予贬到边远地方的处分。六祖那时的环境极差，父亲很早就去世了，他和母亲相依为命，先在新州，后来又迁到广州，靠打柴卖柴为生。这样贫困的生活，六祖当然读不成书，上不了学。他既然没有读过书，为什么会"一闻经语，心即开悟"呢？这里就有三世因果的道理。佛教认为一个人前世学佛有所积累，在此世因缘成熟了，就可以开悟。没有三世因果，世上好多事情就不好解释，不管你信不信，佛教里就认定了这个道理。下面简单谈谈佛教这方面的有关理论。

四谛法和三世因果

四谛法是全部佛教的总纲。佛学尽管博大精深，总的说来不出苦、集、灭、道这四谛。人生是苦，造成苦的原因是烦恼。对此，佛教有详尽的阐述，它不仅从现实的这一世来究其因果，而且还追溯到前世去寻找始因，这个因果锁链，一直贯穿于过去、现在、未来的三世之中，佛教称这个超越常识的生命流为三世因果。这是佛教的特殊教义，其他宗教都没有提出或解答这个与人至关紧要的问题。

儒、释、道称为中国三教。道家在这个问题上，不承认呢，又似乎有；承认呢，但又没有多少明确和成熟的理论。儒家对这个问题则是敬而远之。孔子的学生子路曾问孔子，鬼是怎么回事呀？孔子说，你连人的事情都没有弄清楚，还谈什么鬼呢！子路又问：那么死是怎么回事？孔子说，你呀，连活着的事情都没有弄清楚，谈死干什么！以后儒道在生死问题上的认识，基本上都附会佛教的说法，没有独特的、自成一家的认识。

基督教不承认有三世因果，并断言人的生命只有一次，所以必须信仰上帝，求得解脱，不然在死后只有听任基督的末日审判，该升天堂的升天堂，该下地狱的下地狱。基督教称此为"一次得救"。人生回旋的自由少得可怜。

佛教则不然，认为人的生命是无穷之流，可以无限转生，也就是"六道轮回"。有些没有学过佛的人说这是迷信。而作为佛教徒则非承认不可，不然全部佛教就建立不起来。如果烦恼痛苦只这一世，那就很好解决。可实际情况远不是如此，每一个人的现实内容，根本不是这一世的经历所能解释得了的。

这是人生最紧要的问题，每个人的性格、气质、品德、智力、命运都不尽相同，有种种的差别，到底是什么原因造成的呢？我们都是人，都生活在地球上，大环境一样，用基督教的话来说，大家都是上帝的儿子，在上帝面前人人平等。但事实上人与人之间尽是不平等。产生不平等的根本原因，不从三世因果中去寻找，现实社会中的理论是解释不了的。

十 二 因 缘

佛教是怎样解释三世因果的呢？其根据就是十二因缘，也叫十二缘起。十二因缘依次是：无明、行、识、名色、六入、触、受、爱、取、有、生、老死这十二项。解释十二因缘的论述很多，也不是很容易就懂了。这里结合大家的现实，方便简略地介绍一下。

人的感受是先于爱的，总得先有个感受的主体吧，一接触便产生感受，有了感受就有了喜舍。佛教对接受外部事物的官能称为"六入"，其感官称为"六根"，即眼、耳、鼻、舌、身、意。六根的对象分别是色、声、香、味、触、法。凡是抽象性、原理性、形而上的东西就叫法。法看不见，摸不着，但可以进入思维而认识。六根对六尘，就产生了完整的认识。

六入又从哪里来的呢？通俗地讲，身体叫名色，名是指精神作用，色是指物质作用。人的精神和头、躯干、四肢合起来成为一个统一的生命体。佛教认为，笼统说个身体不明确，死人也有身体。凡对这些东西起名，必定要有个精神的作用才行，而精神则必须寄托在物质的身体上才能有所作用，所以合称为"名色"。

感官因身体而产生，接触外界产生了感受，进而产生了"爱"。有所爱，则想得到、占有，这就是"取"。要想取得，就会"有"种种业行的产生，并付诸行动。这就是我们现实生活中，此生此世所表现出来的内容。

每个人都必须因母亲怀孕而出生。在母亲的腹中六根就形成了。但母腹中这个胚胎是怎么来的呢？自然科学认为，这是因父母交合时，精卵结合而形成了这个胚胎。胚胎十月成熟，呱呱坠地，于是才是现实的人。佛教的认识还要深入一层。下一代的生命离开了父母这个缘当然不行，父母交合只是你的外缘，必须有你自己的参与，加上父母的外缘，才能形成胚胎。父母如同阳光、土壤、水分，自己才是真正的种子。所以牡丹有牡丹的种子，菊花有菊花的种子，这些种子，加上土壤、雨露、阳光等外缘，就会发芽、开花、结果。因此，一旦谈到你本身，就涉及前世的问题。必然有个投胎的东西。这东西是什么，又是从哪儿来，怎样找到你父母的呢？父母很多，为什么单单投身到这家，而不是那家呢？这就说明了由你前世积聚的种种业力，产生了趋向性的认识，恰好这家父母的业力与你有缘，你就不知不觉地来到这家、这个世上了。

人的认识，是从哪儿来的呢？佛教认为，没有专门佛教修行的人们，其身、语、意三业的活动，都是陷在无明之中，浑浑噩噩的。人死了之后，肉体虽然腐化了，但其业力仍在，不会与肉体一同消失。这个业力看不见，摸不着，一旦因缘成熟，就会以各种相应的生命形态来接受果报。有的人认为胡作非为一世，死后就一了百了。没有那么便宜，善善恶恶种种业力，如同存在银行里的账一样，到时都会兑现的。善有善报，恶有恶报。如果真的一死就了，那些杀人放火十恶不赦的人不是太幸运了，而我们这些规规矩矩、克己为人的岂不都成了傻蛋？有了这个三世因果，有了这个业力不灭，整个因果链的作用就显示出来了。这样，坏人才有所忌惮，好人才有所慰藉。

十二因缘顺着开展，佛教称为十二因缘流转门，就是：无明缘行，行缘识，识缘名色，名色缘六入，六入缘触，触缘受，受缘爱，爱缘取，取缘有，有缘生，生缘死。这样周而复始地形成了六道的轮回。前两个环节指前世，中间八个环节说明了今世，后两个环节又落实在下一世。同时，在今世的八个环节中，前五个环节是你现在的果，后三个环节是你现在和未来的因。十二因缘在佛经中随处可见，懂得了其中的道理，就明白了三世因果丝毫不爽。这是一个佛教徒应该明白和认真修行的基本道理和依据。

人的生死就是一个缘起，无明作为条件，以前世所作的种种业行为因，就产生了自发冲动。以此为条件产生名色就入胎了。入胎后以身体为条件就产生了感官，以感官为条件就有了接触，接触就有爱的趋向，于是产生了取，以取为条件就产生了有，后来就是生和死。这就是生命之流，其间并无一个不变的东西贯穿始终。譬如被点燃的柴火再点燃另一柴火，可是此火并非彼火；但无此火也没有彼火。说不是吗？它们又有关系，说是一个吗？但彼不是此，所以叫"无一非异"。这是佛教不同于其他宗教的一个特点。此有故彼有，此无故彼无；此生故彼生，此灭故彼灭。

十二因缘这条因果链是如此的有力，使人生生世世沉溺其中，怎样才能得到解脱呢？佛告诉我们，要得到解脱，就必须把这条因果链斩断。死从生，要想不死，就必须断生；生从有来，不生就须断有；断有则须断取……一直下去，直到把无明断了，才能超出轮回，了脱生死，这就是十二因缘还灭门。佛教不认为一死就可以脱离苦海，要断十二因缘，要断无明，"此无故彼无，此灭故彼灭"，这样就可以解脱于生死了。

　　佛教徒或研究佛教的学者应该知道，佛教四谛法中的"苦"与"集"的关系，是十二因缘所解释的。有烦恼，有无明就是苦，这个苦，绝不是这一辈子就可以了事，会一直延续到下一世。人生的现象千差万别，为什么有的人生下来就环境好，既聪明，又漂亮。为什么有的人生下来就环境差，既愚昧，又丑陋。这种差别应怎样解释呢。怪父母，父母也没法，父母谁不想自己的条件好，生的子女聪明漂亮呢？先天的问题自己作不了主，那后天的问题自己总有法吧！可丑陋的人不论怎样努力，也不可能使自己漂亮起来……这个问题推衍开来，真是太多了。科学家们讲因果，到此也困难了，尽管遗传基因、生物工程有了巨大的发展，面对这些问题同样会束手无策。这一切，在三世因果、十二因缘中却得到了圆满的解释。

　　佛教认为生命之流不断，有过去就有现在，有现在就有未来；无明之后有老死，老死之后有无明，轮回不已，无有穷尽。所以不要以为现在是这样的，以后仍然会是这样。苦和福不会永恒不变。诸行无常嘛。命运之路总是不平静的，不平直的。一个人今生有道德，对社会的奉献大，下一生就可以转入天道。一个人今生没有道德，损人利己，下一世可能变成畜牲。人、天、非人、畜牲、饿鬼、地狱这六道，就是以你自己的业行活动为标记，该入哪一道就入哪一道。对此，人们可自由选择。

　　学佛的人知道其中的利害，才去修道，以了脱生死。而生死轮回最重要的一环就是十二因缘中的无明，所以修行的最终目标是断除无明。哪怕你修成了神仙，无明没有断除，清福享尽后仍然会掉下来的。所以必须断除无明，直入涅槃，才是了脱生死的唯一出路。

在讲六祖大师"一闻经语，心即开悟"时，我们温习一下佛教的基本理论是有益的，不然，诵《金刚经》的人多得很，他们为什么没有开悟？哪怕诵上千遍万遍，没有三世因果的道理是讲不通的。不过也不要自暴自弃，认为自己不行，你又怎么知道自己前世善因缘种得不够呢？禅宗在这个问题上有独特和发挥，在《坛经》中，我们会反复讲说。看下一段：

> 遂问客："诵何经？"客曰："《金刚经》。"复问："从何所来，持此经典？"客云："我从蕲州黄梅县东禅寺来。其寺是五祖忍大师在彼主化，门人一千有余。我到彼中礼拜，听受此经。大师常劝僧俗，但持《金刚经》，即自见性，直了成佛。"慧能闻说。宿昔有缘，乃蒙一客取银十两与慧能，令充老母衣粮，教便往黄梅参礼五祖。

直 了 成 佛

上面谈了三世因果，六祖这里不是也说"宿昔有缘"吗？这是佛教的基础，也是基本的常识。但要真正明了这个事情就相当难了。要真正明了三世因果，就必须见道，具足三明六通，这时，观三世因果的生命流如同掌中观物一样。

但禅宗之所以是禅宗，六祖之所以是六祖，在修行的方法上就与佛教其他宗派有很大的不同。禅宗有自己立宗的特色，这就是"明心见性，顿悟成佛"，简而言之就是"直了成佛"。

有人说，成佛哪有这样容易，你在前面讲三世因果、十二因缘，我们陷在其中，方向都弄不清楚，智慧功行都不具备，怎么成得了佛呢？我认为，这看法看到了成佛的难处，当然对，你就应当发心、努力。但这毕竟与禅宗不相应。以这种心态来学禅宗是不行的，仅此一点就把自己挡住了。若说净土宗，净土宗也有这个味道，自己的力量不够，才仰仗佛力往生西天，再听佛说法，在那里花开见佛，悟无生法忍。西天的条件好，教授也不同，所以见道要快些。其他如中观、唯识等各大宗派，都认为旷劫无明遮障，必须通过多生累劫的修行，分段悟明，最后才能达到等觉、妙觉。所以说，我们现在学佛，只是准备一些学佛的资粮而已。停滞在这个体系上的人，他不相信自己可以开悟，也不相信别人可以开悟。但佛是现身成佛的嘛，禅宗内许多祖师不是"言下大悟"的吗？有人会说，佛那一悟之前，不知修行了多少劫。禅宗会说，你怎么会知道这些呢？还不是书上看来的，耳朵听来的嘛，何况，你又不知道我们前世又修了多少劫呢？我说我贾题韬前世已修行了三大阿僧祇劫，你能否认吗？若说人都有现实的烦恼，那释迦佛见道之前，烦恼比大家都还重嘛，王宫里当太子都不舒服，他也娶了老婆，生了孩子嘛。后来出家，修了六年的苦行，仍然莫名其妙，摸不着魂头。所以说佛未悟之前，与我们凡夫没有多大的区别。释迦佛可以开悟，我们也可以开悟，这个信心一定要建立起来，没有这个，就不是禅宗。

佛是人做的，开悟离不开这个"心"，就是每个人自己的这个心，能把这个心认识了，你就开悟了，世间还有比这个更简单明捷的事吗？有人说，既然成了佛，佛的法报化三身为什么没有在我头上显过灵呢？尘尘刹刹，无量诸佛，我为什么一个都见不到呢？真是荒唐之极，你那么厚的无明烦恼把自己障着，你怎么见得到佛呢？你能见到的一切，还不是自己的无明、自己的烦恼。对无明烦恼，你自己不下手，佛菩萨都拿你没有办法，你又怎么见得到佛呢？我们这些人娇生惯养，对自己的毛病下不了手，怎么能见道？所以禅宗里有那么多的棒喝。祖师们因慈悲之故，见你可怜，心里着急，才给你来个行棒行喝，来打掉你的糊涂和妄见，剪除那些枝枝丫丫，让你直见本来。所以，这里"即自见性，直了成佛"极为重要，是禅宗的命脉所在。要学禅宗么，就只此一条路。

《金刚经》

六祖大师"一闻经语，心即开悟"，这是打妄语吗？当然不是。这的确不可思议。五祖大师在黄梅，用《金刚经》导化众生，常说："但持《金刚经》，即自见性，直了成佛。"五祖六祖一呼一应，都在为我们开示无上妙谛。

《金刚经》有这么大的力量吗？我们诵持《金刚经》就可以开悟吗？为什么有的人诵持了几十年还开悟不了呢？

大家知道，《金刚经》号称难读，许多有学问的人也未必能懂。在六百卷的《般若》中，《金刚经》仅是其中的一部，但是极好的一部。《金刚经》与中国人有缘。六百卷的《般若》，学佛的有多少人学过，背过？许多人都不知道里面说了些什么。但其中的《金刚经》，几乎每个学佛的人都知道，都读诵过。这是什么原因呢？这就是因为有五祖、六祖的大力提倡。

听赵朴老讲，毛泽东曾给他开过玩笑，说："佛经里有些语言很奇怪，佛说第一波罗蜜，即非第一波罗蜜，是名第一波罗蜜。佛说赵朴初，即非赵朴初，是名赵朴初。看来你们佛教还真有些辩证法的味道。"从这里看出毛泽东是熟悉《金刚经》的。"佛说"、"即非"、"是名"是《金刚经》的主题，全部《金刚经》反复讲说的就是这一主题，后面的"应无所住，而生其心"就是这一主题的引申。这个主题，解答了"降伏其心"的菩萨心行的关键，历来为中国佛教徒所重视。

《金刚经》的确很难理解，没有修证到家，翻翻佛教辞典，看看有关注疏，当然也可以理解一些，但那仅仅是比量境，是知解的学问，没有活般若的成熟，当然不能从中开悟。六祖不识字，他怎么一听经就开悟了呢？有人说，禅宗讲教外别传，不立文字，为什么五祖、六祖又在劝人读《金刚经》呢？这些人把一期方便当作实法，不知道佛法是活的，禅宗是活的。一说不立文字，他说不看书；要他看书，就去钻牛角，真是教条主义到处都有。所以"但用此心，直了成佛"，与"但持《金刚经》，即自见性，直了成佛"是统一的。在学禅宗没有找到入处之前，诵持《金刚经》是极有好处的。一方面可以帮助你获得许多佛教知识，另一方面可以帮助你进入禅宗。当然，这都慢了，你如果能用六祖"但用此心，直了成佛"的开示来读《金刚经》，我想，其中的效果是不可思议的。在下面讲到五祖传法时，我们还要着重阐述。

佛性本无南北与世间法

慧能安置母毕，即便辞违。不经三十余日，便至黄梅，礼拜五祖。祖问曰："汝何方人，欲求何物？"慧能对曰："弟子是岭南新州百姓，远来礼师，惟求作佛，不求余物。"祖言："汝是岭南人，又是獦獠，若为堪作佛？"慧能曰："人虽有南北，佛性本无南北，獦獠身与和尚不同，佛性有何差别？"五祖更欲与语，且见徒众总在左右，乃令随众作务。慧能曰："慧能启和尚，弟子自心常生智慧，不离自性，即是福田，未审和尚教作何务？"祖云："这獦獠根性大利，汝更勿言，著槽厂去。"慧能退至后院，有一行者，差慧能破柴踏碓。经八月余，祖一日忽见慧能，曰："吾思汝之见可用，恐有恶人害汝，遂不与汝言，汝知之否？"慧能曰："弟子亦知师意，不敢行至堂前，令人不觉。"

这一段很重要，应深入体会。你看，六祖一见五祖时口气就不小："惟求作佛，不求余物。"直截了当地要求作佛。没有这个气派就不要学禅宗。开始五祖似乎有些小看六祖，一个乡巴佬怎能学佛呢？但六祖已是开悟的人了，所以下语就大不一样："人虽有南北，佛性本无南北"，这可不是从理论上学来的，而是自己的见地。我们这些学佛一辈子的，忽如其来时，可能还答不出这种水平。"獦獠身与和尚不同，佛性有何差别？"句句都是见性的话，对此，大家不能等闲视之。要知道，这些话是从六祖发的端，他那时可没有现成套语可以拣来运用，不像后来的禅八股们，有现公案可循。那些三藏十二部背得烂熟的人，关键时候未必能直截了当地答上这几句。

六祖在黄梅，先就做8个月的碓米行者。要注意，五祖对六祖说："吾思汝之见可用"，称赞了六祖见地之高，可以弘扬佛法。但五祖当时不敢让六祖亲近自己，虽然六祖是自己寻找多年的接班人。这是什么原因呢？"恐人害汝，遂不与言。"而六祖也敏锐地知道这点。许多人读到这里都会想，这些学佛多年的人，怎么还会你争我夺，贪嗔为什么解决不了？我说，正是因为自己坏，不干净才去学佛嘛，学佛就是要改造自己，使自己变成好人。但对学佛的人也不能苛求，不要以为学佛就什么都干净了，今天学佛，明天什么烦恼都没有了，生死也就了了，没那么容易。从《坛经》这一段中可以看到，都是学佛的，而且追随五祖这么久，单一个名利心就没有解决，还谈什么明心见性。

达摩大师在中国传有衣钵，代代相传作为得法的凭证。得到衣钵就是祖师。有了衣钵，那名也有了，利也有了，供养的人也就多了。神秀没有得到衣钵，武则天对他尚如此尊敬，迎到宫中供养，还皈依了他，亲自行跪拜礼。得法就可以得到衣钵，成为祖师，无怪有那么多的人要去争。这种行为，与世间争名夺利的人有什么区别呢？

我常常说，不要听到有人昨天说有，今天说空，就以为他有进步了。不要听那一套。从前以有为有，今天以空为有，以后又变成了非空非有，即空即有，等等，等等，实际上还是那个"有"，换汤不换药，可怕得很。在概念上变来变去，做学问可以，修行可不行。现在想当祖师，就是出家前想做官、想发财的那个贪婪心嘛，不然五祖怎么会那样小心，见了真正的传法人不敢亲近呢？别外，当时五祖虽然已有神秀、慧安、智诜等十大杰出弟子，但在见地上都不如六祖纯，不如六祖高，于是想把衣钵传给六祖。但在方法上却极为谨慎，懂得这点，才叫善知识。一个大师，不仅要通出世法，而且要通入世法，要通人情世故。世间法不圆融，传法、弘法的事就处理不好。

认真研究过戒律的人都知道，释迦佛对世间法真是了如指掌，二百多条比丘戒，是把世间人情世故看透了才订得出来的。佛知道在修行中会产生哪些毛病，就制定相应的戒律来加以约束。所以圆融世间也是佛法，不能置之不理。但一见本性后，执著也就轻了，才能随方就圆，烦恼业力的力量就弱了。历代大师没有不精通世法的，只是不著于世间法，默化而已，不然又怎能度化众生呢？开悟了还不能减轻偏执，这个开悟就有问题。开悟是真实的事，是当下见效，立竿见影的事，而且可以随时验证。五祖如果不明白这些，直接、公开地把法传给六祖，就会把六祖毁了，法也传不下去。

参禅和轮刀上阵

祖一日唤诸门人总来："吾向汝说，世人生死事大，汝等终日只求福田，不求出离生死苦海，自性若迷，福何可救？汝等各去自看智慧，取自本心般若之性，各作一偈来呈吾看，若悟大意，付汝衣法，为第六代祖。火急速去，不得迟滞，思量即不中用。见性之人，言下须见，若如此者，轮刀上阵亦得见之。"众得处分，退而递相谓曰："我等众人，不须澄心用意作偈，将呈和尚，有何所益？神秀上座现为教授师，必是他得。我辈谩作偈颂，枉用心力。"诸人闻语，总皆息心，咸言："我等以后，依止秀师，何烦作偈。"

禅宗作为佛教内的一个宗派，它的目的与整个佛教的目的是一致的，就是要解决生死问题。如果说禅宗不是佛教，或说可以离开佛教而独立，那若非外行，就是别有用心。《遗教经》记载佛灭度时，弟子们在佛的面前宣誓说："太阳可以冷，月亮可以热，四谛法是不能动摇的。"苦、集、灭、道四谛，生死事大不是苦谛么？生死是轮回，轮回就是一个苦字。

要看到，五祖这里处处讲教，证明了禅宗不是如某些人认为可以离开教的。苦的根子何在？就是烦恼，烦恼就是集谛。如何去断烦恼了生死，就要去修行，佛指示的修行之路，就是道谛。开悟见道，就是灭谛——得到了涅槃寂静。四谛法禅宗是全要的。所以说，通宗不通教，开口便胡道。教理不通，往往会讲出一些出格的话来，要注意这点。

学佛不是求来生的福报，而是要出离生死苦海，不认识这点，是谈不上修道的。要解决这个问题，就必须开悟。这是佛法的根本，是禅宗的命脉，不论禅宗的机锋、棒喝和教下的种种方便，都是围绕这一问题的展开，没有这个明确的目标，怎么能得解脱呢？对五祖的这一番话，的确应好好体会。

作偈，在禅宗内是直呈本性，直呈见地的一种方式，等于考试时交的那份答卷。呈偈是极其严肃的事，并不是任何人，任何时候和地方都可以随便写写，不像文人们兴致一来写首诗那样简单。后来规矩坏了，什么样的人都可以胡撰几句来附庸风雅。我们不要有这样的习气。从前在成都，我给谢无量先生看某人一篇文章，谢先生说："我的确没有开悟，只不过文章写得马虎而已。我们这类人一辈子就是写文章，写得像一个东西还不容易。要说开悟我委实不懂。"要知道，谢先生的诗文是极好的，他的禅诗、禅文也是极妙的，但他自己明白，也承认自己是外行。呈偈是表现自己的真实境界，修行程度的，可不是写文章图好玩。所以五祖一语道破："思量即不中用"；又说："见性之人，言下须见。"

真正见性的人一出语就对路。所以禅宗的答话不是容易、随便的事，有的答话还遭报应。有的学者对禅宗的公案、机锋、转语想用逻辑的判断、分析、推理、分类、归纳等方法加以辨析，想从中弄出点头绪，可惜此路不通。如果弄得通，古人早弄通了。因为开悟是超逻辑的事，而你使用的方法仅仅是逻辑，怎么行呢？莲池大师《竹窗随笔》中说，你们不要以为祖师们见面时的那些话是随便说的，他们是见了性的，是在本分上说话，你用那些似是而非的分别思量去套，怎么行得通呢？

所以五祖要大家呈偈，用四川话来说，就是要"亮真钢"。下面的话就很好："若如此，轮刀上阵亦得见之。"这里充分表现禅宗的特色。"直下见性"，性就是你自己。所谓"道也者，不可须臾离也"，无时不在，无处不在，随时随地都可以开悟，不一定必须闭目打坐，手捏法印，调匀气息才能见性。禅宗对禅定并不排除，这是很好的法，但也未必非如此不可。坐在那儿有禅，到了社会上就没有禅了，那怎么行。所以，哪怕上了战场，到了生死关头也是可以开悟的。法是圆满的，法是活泼泼的，条条大路通长安，处处都可以开悟，并不局限在某种特定的模式上。这就是禅宗的特色。而且只有禅宗才作如此的提倡。《涅槃经》里的那位广额屠儿在佛的开示下放下屠刀，立地成佛，这不是"轮刀上阵"吗？要知道禅宗是释迦佛的心传与中国文化相结合而开出的一朵花。

一说作偈，五祖门下弟子们的无能就暴露无遗了。他们互相推诿，自暴自弃。一是不敢作，二是根本不知道该写些什么，他们连自性的影子都没有梦见过，也从未留心什么般若自性，怎么能作出偈子来呢？他们与六祖初见五祖时所说的"唯求作佛"等那一番话简直有天壤之别。可以说六祖的答卷先就交了，这次只不过是复试而已。

众人把呈偈的大事推给神秀，认为只有神秀才有得衣钵的可能。下面我们来看这段故事。

上座部、中观和华严

神秀思维："诸人不呈偈者，为我与他为教授师，我须作偈将呈和尚。若不呈偈，和尚如何知我心中见解深浅；我呈偈意，求法即善，觅祖即恶，却同凡心，夺其圣位奚别？若不呈偈，终不得法，大难大难。"五祖堂前，有步廊三间，拟请供奉卢珍画"楞伽经变相"及"五祖血脉图"，流传供养。神秀作偈已成，数度欲呈，行至堂前，心中恍惚，遍身汗流，拟呈不得。前后经四日，一十三度呈偈不得，秀乃思维："不如向廊下书著，从他和尚看见，忽若道好，即出礼拜，云是秀作；若道不堪，枉向山中数年，受人礼拜，更修何道。"是夜三更，不使人知，自执灯书偈于南廊壁间，呈心所见。偈曰：

身是菩提树，心如明镜台，

时时勤拂拭，勿使惹尘埃。

秀书偈了，便却归房，人总不知。秀复思维："五祖明日见偈欢喜，即我与法有缘。若言不堪，自是我迷，宿业障重，不合得法，圣意难测。"房中思想，坐卧不安，直至五更。

这一段表现了神秀的修行见地及种种思维活动。他认为"求法即善，觅祖即恶"，求也不是，不求也不是，把佛法和祖位分割开来，陷入极大的内心矛盾之中。神秀追随五祖的时间较长，又是教授师，代五祖在东山执教，当然大不平常。五祖对他的评价是："东山之学，尽在秀矣。"这是不能再高的赞誉了。虽然如此，五祖并没有认可他，没有把衣钵传给他，而与众人一样，要过呈偈一关。这种传法方式，已不同于上四代祖师了。这种公开竞争的新的传法方式，难免会给神秀造成震动，但也不能怪五祖坏了祖师们的规矩，神秀没开悟，没有见性，五祖怎么会把法传给他呢？同时只有通过"呈偈"这种公开竞争的方式，才能显示出六祖超越常人的能力。

一般学佛的人都知道神秀的这个偈子。"身是菩提树"是譬喻。佛当年在树下悟道成佛，为了纪念，就把这棵树称为菩提树。"心如明镜台"，心如明镜一般，就可以照物。如果镜面上积有尘埃，镜子就失去了照物的功能。所以就要用功，要"时时勤拂拭，勿使惹尘埃"。这个偈子的本意是：虽然人人都有清净的佛性，但客尘来了，不加扫除就会污染、沉迷，所以要时时加以护持，不要让五浊烦恼来干扰这个清净的佛性。

要知道，神秀这个偈子是很有水平的，不能因为他没有得法而小看了。他的中心思想是"心性本净，但为客尘所染"，所以必须修戒、修定、修慧。这种思想来源于印度上座部佛教。上座部佛教的主张就是"心性本净，客尘所染"。这里结合一起分析神秀偈子的含义。

释迦佛灭度后百余年间，通过"七百集结"和"万人集结"两大法会，形成了上座部和大众部两大系统，后来又分成二十部之多。小乘二十部，就其共同点说，就是无我——一切法无我。这个无我，在佛教中又分成两个，一是人无我，一是法无我。佛教认为，任何个人，都是色、受、想、行、识五蕴合和而成，其中色蕴是物质部分，其余四蕴是精神部分。总而言之，就是一个物，一个心，这两大部分。大家学习过《心经》，"照见五蕴皆空"的那个五蕴，就是指这五个方面。宇宙万事万物，归结起来也就是这五个，归纳起来就是心与物两大类。人我是五蕴合和，心物合和而成的一个假象，所以才叫"五蕴皆空"，离开这五蕴，就找不到这个人我。有这个人我，就会产生贪、嗔、痴种种烦恼，因而陷在生死苦海之中。对这一点，小乘佛教的认识是共同的（二十部只有犊子部认为有我，并有其中的理由）。如果追问，人我是五蕴合和而成的，离开了五蕴当然就没有这个人我。但五蕴又有没有呢？小乘佛教基本上认为五蕴是有的，故其结论为"我空法有"。

这是一个基本常识，因缘而成的东西总是空的，但那些具体、实在的因和缘总空不了吧。现在的自然科学也这样认识：宇宙中的一切现象都是由物质构成，物质又可以分，于是就去寻找最基本、不可分割的物质。从分子找到原子，从原子找到基本粒子，现在对基本粒子还在进行解剖。烦恼的根子是"我"，只要懂得了"无我"，就找到了断烦恼的方法。但如果仅有我空，而五蕴、烦恼这些"法"不空，烦恼又怎么断得了呢？要彻底解决这个问题，于是产生了大乘佛法。

公元二三世纪时，印度出了一位大师——龙树菩萨，他对般若学说进行了整理和发挥，并系统地加以了总结。其代表作是《中论》、《十二门论》和《大智度论》；龙树的弟子提婆又作了《百论》，这四部论都是解释般若的。严格来说，讲般若学，讲《金刚经》，依这四论来讲才是"正统"。我国隋唐时代的三论宗，就是龙树学派的嫡传。该宗就是专门阐述和修习《中论》、《十二门论》和《百论》而得名的。不管三论、四论、最重要的要数《中论》。《中论》首先是破小乘的，它认为，不仅人我空，五蕴也空，并提出了一切法空的著名论断。在龙树菩萨那里，才把大乘佛法的这一命题确定了。

一切法空，不留半点执著，为什么要如此全面、彻底地谈空呢？那里因为你还抓住一点是实在的东西，就得不到解脱。我空法有还停留在二元论的境况中，道理上也讲不通。只有一切法空，一切烦恼才起不了作用，也才有解脱可言。《中论》把小乘破得特别厉害，小乘认为是天经地义的事，《中论》都毫不留情，一破再破，破到最后，佛的四谛法，十二因缘，涅槃等等，全都加以横扫。有人会说，这些都是佛教的根本，怎么能破呢？这是因为小乘把这些大法变成了教条，在法上执为实有，法就死了。只有通过破，才能把这些法变活。

其实在《金刚经》里，全是这个破字，"佛说第一波罗蜜，即非第一波罗蜜"，"所谓佛法，即非佛法"，这是佛自己破自己吗？不破，怎么会有后面的"是名第一波罗蜜"、"是名佛法"呢？当你把《中论》看完之后，那些禅宗祖师们的"棒喝"，哪里又超出了《中论》的范围呢？在《中论》里，还涉及了许多哲学问题，仍然是破，对时间、空间、因果，全破，毫不留情，而且极其精彩。《中论》为什么要这样来破呢？这是因为站在更高的层次上来看世间学说的，大家可以去参。

《中论》的思想，就是佛教里的缘起法："此有故彼有，此无故彼无。"谁也离不开谁，无一法可以独立，只有这个原则是不能破的。为什么呢？因为这是万法的实相，超越了破立的范围。没有一法可以成为实法，没有一法可单独成立，一法缘起，必须万法相应。我现在弹指一声，就万法俱足——没有这两个指头，能弹得响吗？两天不吃饭，有力量来弹吗？没有父母，哪有我呢？没有空气，谁又听得见呢？没有地球，大家都不知在哪儿，能聚在一起听我此时一声弹指？的确是缘缘相因，无穷无尽。所以仅这一弹指，宇宙万法，无不含摄。把这个道理充分发挥出来的，就是华严宗，华严宗称这个道理为"法界缘起"。自然科学的发展没有止境，总有新的问题不断涌现。在经典力学之后，从相对论到统一场，物质到反物质，空间到反空间，时间到反时间，三维、四维时空到多维时空，宇宙爆炸等宇宙生成论……这一切，无非就是要把人生和宇宙圆融起来，从这些最新最高的自然科学理论上，也可以看到中论、华严理论的深刻，也才能明白后面六祖大师那个偈子的道理。从这里可以看出来，《坛经》讲的，都与教融为一体，怎么分得开呢？但却是教的升华。反过来看，神秀在全部佛法中所表现的见地、程度，也就十分清晰了——下面用五祖的话来证明。

《宗镜录》的责难

祖已知秀入门未得，不见自性。天明，祖唤卢供奉来，向南廊壁间绘画图相，忽见其偈。报言："供奉却不用画，劳尔远来。经云：'凡所有相，皆是虚妄，'但留此偈，与人诵持。依此偈修，免堕恶道；依此偈修，有大利益。"令门人炷香礼敬："尽诵此偈，即得见性。"门人诵偈，皆叹善哉！祖三更唤秀入堂，问曰："偈是汝作否？"秀言："实是秀作，不敢妄求祖位，望和尚慈悲，看弟子有少智慧否？"祖曰："汝作此偈，未见本性，只到门外，未入门内。如此见解，觅无上菩提，了不可得。无上菩提须得言下识自本心，见自本性，不生不灭，于一切时中念念自见，万法无滞；一真一切真，万境自如如，如如之心即是真实。若如是见，即是无上菩提之自性也。汝且去一日两思维，更作一偈将来吾看，汝偈若入得门，付汝衣法。"神秀作礼而出。又经数日，作偈不成，心中恍惚，神思不安,犹如梦中,行坐不乐。

神秀认识到了自性本自清净,但却停留在"我空法有"的层次上;他甚至也认识到"一切法空"(在神秀的著作中,大乘佛法的境界是很高的),但认识归认识,毕竟没有实际证悟到"一切法空"。他在实证的现量境中,在修行的实际理地中,只达到了"我空法有"的程度。正因为如此,所以还必须"时时勤拂拭"。神秀是诚实和有道德的人,他是就自己的真实见地写了这首偈子,没有花言巧语地胡诌一通。他深深地感受到了勤劳的压力才能说出"时时勤拂拭,勿使惹尘埃"这样精辟的见解。因此五祖说他"只到门外,未入门内",还没有达到"无上菩提"这种绝对自如的境界。对这个境界,五祖作了相当细致的阐述。

"无上菩提,须得言下识自本心,见自本性。"这就不是"时时勤拂拭"所能达到的境界。为什么呢?"拂拭"时自性清净,不"拂拭"时,自性就不清净了吗?真正的佛性还能被污染吗?真正见性之时,"拂拭"不"拂拭"是什么闲言语!一切皆如,分别悉泯,即妄即真,从何处划分得出菩提烦恼来!这里五祖把禅宗的特点和盘托出:烦恼即菩提,生死即涅槃,而且觅烦恼生死了不可得。要知道,五祖这番话也不全是禅宗的,"一真一切真,万境自如如"与我们刚才讲到的华严境界也是一致的。五祖与华严宗的法藏大师是同时代的人,在高境界上真是一个鼻孔出气。五祖留下的著作极少,《坛经》

的这段文字中，充分地表现了他极高的禅宗境界和娴熟的教下功底，并把禅宗和华严的根本大法，有机地融为一体，苦口婆心地向神秀作了交待，可惜神秀悟缘未到，错过了得法的机缘。

宋代永明寿禅师在《宗镜录》里赞叹神秀的偈子"有体有用"，而说六祖"只开了一只眼"，这自然有他的看法。但以谁的为准呢？见道的人心中自然明白。在这里我们当然要以五祖的评判为准，而不能附会永明寿，五祖比他更了解神秀。作为禅宗一脉单传的五祖，如果把衣钵传给了神秀而不是慧能，那么以后的中国佛教史、禅宗史都要改观。从几十年后神秀禅系在佛教舞台上迅速消失，六祖法门在全国佛教中取得主导地位这一事实来看，六祖的法，的确比神秀高明得多，圆满得多，也更适应中国固有的文化土壤，同时也证明了五祖非凡的眼力。

尽管如此，五祖对神秀仍然是爱护的，对神秀的成就也是肯定的："依此偈修，有大利益。"这不是敷衍的话，对一般人来讲，能达到神秀这种程度也是困难的。对某种根器的人来讲，也是适用的。那些人有那么多业力，有那么多烦恼，要让他们顿悟是很困难的，指导顿悟的善知识也不多。所以，照神秀的办法，对自己的烦恼、妄念时时警惕，随时照了，也是不可或缺的践履，这样修行，当然"有大利益"，至少也可以"免坠恶道"。有此基础了，再遇到大善知识，也是可以见性开悟的。

分别思维与言语道断

复两日，有一童子于碓坊过，唱诵其偈。慧能一闻，便知此偈未见本性，虽未蒙教授，早识大意。遂问童子曰："诵者何偈？"童子曰："尔这獦獠不知。大师言：世人生死事大，欲得传付衣法，令门人作偈来看，若悟大意，即付衣法，为第六祖。神秀上座于南廊壁上书无相偈，大师令人皆诵，依此偈修，免堕恶道，依此偈修，有大利益。"慧能曰："我亦要诵此，结来生缘。上人，我此踏碓八个余月，未曾行到堂前，望上人引至偈前礼拜。"童子引至偈前礼拜，慧能曰："慧能不识字，请上人为读。"时有江州别驾，姓张名日用，便高声读。慧能闻已，遂言："亦有一偈，望别驾为书。"别驾言："汝亦作偈，其事稀有。"慧能向别驾言："欲学无上菩提，不可轻于初学，下下人有上上智，上上人有没意智。若轻人，即有无量无边罪。"别驾言："汝但诵偈，吾为汝书，汝若得法，先须度吾，勿忘此言。"慧能偈曰：

菩提本无树，明镜亦非台，

本来无一物，何处惹尘埃。

这段文中，可以看到六祖的大智大慧，他能见机而作，又不失分寸，对世间法了然于胸，不露痕迹。他请张别驾书偈时，还随口说出了"下下人有上上智，上上人有没意智"这震凡骇俗的奇特语来，与神秀作偈时所表现的矛盾和紧张的情绪形成鲜明的对照。仅从文字表面上的气氛而言，也远非神秀可比。我们在前面讲的那一些道理，就是为了迎接六祖这个偈语的出场，也才知道六祖这个偈子的分量。

针对神秀"我空法有"的思想，六祖旗帜鲜明地提出"一切法空"，甚至菩提也空。"菩提本无树，明镜亦非台。"其意思是：认为佛性本来清净的那个心也是不能执著的，也是空无自性的；如果真的认为有个实有的佛性、佛心，那就错了，你就得不到、也认识不到真正的佛性和佛心。"本来无一物"——这不是"一切法空"又是什么呢？全部《中论》也不外这一句。你想，在内觉得有个实有的佛性，在外又觉得有个实有的尘埃，而且尘埃还要把这个佛性污染，于是就要去拂拭……这样纠缠下去，你怎么空得了呢？又怎么解脱得了呢？"何处惹尘埃"就与之相反，对内不再认为有什么佛性，对外也不再认为有什么尘埃，一切法空、一切法无自性，对任何对象，世间的、出世间的、凡的、圣的都是没有任何区别的。所以，要找一个实在的佛性是找不到的。《金刚经》说："若以色见我，从音声求我，是人行邪道，不能见如来。"这个问题望大家好好去参。

"本来无一物"贯通了内外、三际、十虚，妙不可言。可是以前许多人讲到这一句时都讲偏了。他们说，我这儿什么都空了，尘埃来了就污染不了；能污染就说明你还没有空干净；

我既不沾染又拂拭什么，等等。这种讲法不彻底，只讲了一半，只讲到了"我空"，对"尘埃"——"法"没有空掉。要知道，内而心性本来无一物，外面尘埃亦本来无一物；内即是外，外即是内，内外俱无一物，这样才算讲得彻底，才把内外两面都贯通了。这个道理，哪怕仅仅是在知见上懂了，都可以得法乐。若祖师们言，尘埃也是你自己嘛，你自己认识到你自己，就认识到什么是佛性，什么是尘埃；内不见能知之我，外不见所知之物，不知道，也不去念什么"佛性"、"尘埃"这些多余的经了。

在这里，要开悟就是直下开悟；在这里，要开悟就得言语道断；在这里，如果还有概念思维活动，还有分别心，还有道理可讲，那就绝对开悟不了。外没有尘埃，内没有分别的心，就在此时，一切放下，要在这上面好好参，这才叫过关，过概念活动、分别思维的这个关。若过不了，无论你聪明上天，也只能达到解悟。

我多次给人讲过证悟与解悟的区别。解悟是没有离开概念活动的。只要有思想，就有概念的活动，没有概念，思维活动就展不开，这对世间的工作，生活是必要的，对开悟和见道也是有帮助的——不是说开悟见道就不要思想，不要概念了，若不要，我们在这儿讲什么！祖师们那么多语录又讲什么！但是，在见道、在开悟这个关口上，只要概念活动仍在，那么，其内就必然有个能解的心，其外就必然有个所解的物。所以，不论你在上面解释得多么透彻，说心也好，说空也好，说无也好，说非空非有也好，说即空即有也好，都是在概念活动之中，说不可思议，也还是在思议。因此有必要让概念活动停那么一下，感受那么一下，这就是开悟的关，这就是"言语道断，心行处灭"。

做到这点是极难的，要知道，道理越多，分别心越重。什么事情一来，包括对开悟、见道，都想用思维去把握、去理解、去解释。天天说"言语道断，心行处灭"，结果断不了，灭不了；成天说不立文字，结果仍然在立文字、立语言，随你再精明也只到得了解悟。这是证悟与解悟的分水岭，大家要知道这点。

在这里我要强调一点，在《坛经》中有不少矛盾之处。神秀"时时勤拂拭，勿使惹尘埃"那一套方法，六祖实际上仍在提倡，这是什么道理？问题在哪儿呢？要知道，五祖这里问的是见地，而不是行持，行持并不能代表见地。六祖文化不高，直说见地，并没有向五祖汇报他的行持。而神秀则见不到，只能就行持来表现自己的见地。要知道，在实地的修行中，又怎能反对神秀的这种方法呢？关键是神秀有行持而无见地，神秀也并不丢人，见地不是在分别思维中来的。有人讲禅宗分不清这两点，妄评二位大师的高低，这是不行的。我们提倡见地和行持的统一，有行持未必见地上得去，而有见地必然行持也跟得上，没有行持的见地则必然是假的，对此，大家应有明确的认识。

一切万法不离自性

书此偈已，徒众总惊，无不嗟讶，各相谓曰："奇哉！不得以貌取人，何得多时使他肉身菩萨。"祖见众人惊怪，恐人损害，遂将鞋擦了偈，曰："亦未见性。"众以为然。

次日，祖潜至碓坊，见能腰石春米，语曰："求道之人，为法忘躯，当如是乎？"乃问曰："米熟也未？"慧能曰："米熟久矣，犹欠筛在。"祖以杖击碓三下而去。慧能即会祖意，三鼓入室。祖以袈裟遮围，不令人见，为说《金刚经》，至"应无所住，而生其心"，慧能言下大悟一切万法不离自性，遂启祖言："何期自性本自清净，何期自性本不生灭，何期自性本自具足，何期自性本无动摇，何期自性能生万法。"

大家知道，六祖未到黄梅时，听人诵经时先就有所悟入，初见五祖时的答话，已表现出自具的见地；后来到堂前请人写偈，认识和表达了一切法空的境界，悟境也更明确；到了此时听五祖为他讲《金刚经》，大悟到"一切万法不离自性"，才算大彻。这表明了六祖的开悟有三个阶段和层次。五祖暗访时，六祖说"米熟久矣，犹欠筛在"，就坦白表示了悟虽悟了，但功夫、见地总还有不纯之处，所以五祖才给他讲《金刚经》。

刚才谈到，六祖的见道偈的主题是"一切法空"的般若思想，与《金刚经》的主题是一致的。而此时"大悟一切万法不离自性"，似乎又与"一切法空"的思想不大协调。悟到"一切法空"后没有大彻大悟，而六祖这里的大悟，又悟的是什么呢？需要指明的是，六祖此时大悟的，的确不仅仅是"一切法空"的中观思想，还包括自己的心体，这样的"悟"，是不能用教下理论中的"法空"去完全说明的。

六祖最初没有读过经，什么是六度也不知道，但他一听《金刚经》，《金刚经》的法作为一个外缘便帮助他触及到了自己的心体。宗门的中心，就是要让人认识到自己的心体，也就是开悟。《金刚经》里似乎没有讲心体，讲的是缘起法，因为没有自性，所以是空。六祖把空作为条件而触及到了自己的心体，最后因五祖开示才彻悟了心体的全体妙用。不然，六祖为什么先没有大彻大悟呢？彻证了心体，菩提心也就在这个心体之内了。

六祖言下大悟"一切万法不离自性"，自性一词，在佛教经论里有多种含义。如"一切万法"的"法"，是事物的意思，一切万法就是一切事物。为什么不说事物而说法呢？这里就可以看到佛教本身的学术性。

唯识学对"法"下的定义是：任持自性，轨生物解。"任持自性"是说每个事物都具有质、量、度、色、香、味等各种相应的属性而自成一法，与其他的法不同而有所区别。"轨生物解"的"轨"，指轨道、规律；"解"就是认识。这一句的意思是：一个事物不仅具有它独特的"自性"，这个"自性"

还具有相应的规律。这种既有"自性"，又有规律的事物才能使人们产生认识，不然，乱七八糟一团，人们怎能认识呢？如果没有"自性"，那么法法之间就没有差别，天下万物成了绝对的同一，我们的认识就成了多余的、无用的东西了，还要智慧、般若、开悟来干什么呢？

另一方面，自性又为中观学所否认，中观学的基础是缘起性空，一切法无自性。这是因为中观和唯识各自所讲的自性有所不同。中观学破斥的自性是指所谓恒一不变、实有独立、可以不依赖其他事物的关系而自在自有的事物。而缘起论证明了这样的自性是没有的，一切法无自性，缘起性空就是结论。

中观学认为，佛证的是"一切智智"。"一切智智"包括了两个内容，一是对一切法说"如所有性"，对一切法的根本属性加以确定；二是对一切法说"尽所有性"，穷尽一切法之间的差别现象。对佛法而言，应如佛那样三身四智，五眼六通，才能穷尽事物的"如所有性"和"尽所有性"，才能彻万法之源。说"一切万法无自性"，这是事物的"如所有性"，亦即空性。中观学特详于此，重点在于真谛，但就差别上说，从如何缘起上说，唯识则较中观为详，倾向于缘起的"尽所有性"重点在明俗谛。

本应结合着多讲一些唯识学的道理，但因时间关系，暂时不能多讲，大家都是学佛的，对唯识宗建立的"八识"是有一定的了解的。禅宗所讲的自性，当然不是中观所破斥的那种自性。从"一切万法不离自性"所表现出的境趣，含有"三界唯心，万法唯识"的意味。《成唯识论》对"唯识"下的定义就是：唯识者，一切万法不离心故。唯识学最大的特点，是建立了"阿赖耶识"，翻译成汉文就是"藏识"，有含藏、所藏、执藏等多层含义。我们的一切知识、经验、过去、现在、未来、六根、六尘、十八界全都在藏识里，这是唯识学的一个特别的建树。

这样，一切万法本来就为自己所具有，能把八识中本来存在的东西如意地发挥出来，就是一切智智。要证一切智智，没有阿赖耶识这个前提，又如何有证的可能呢？"转识成智"，就是要成就一切智智，所以，全部唯识，六祖只一句"一切万法不离自性"就可以概括了。证了阿赖耶识就是证了一切万法，结果还是证你自己。但禅宗的自性对众生而言是同体的，而唯识学中的阿赖耶识对众生而言却是各异的。唯识宗不承认一切众生都有佛性，都可成佛，这就是差别所在。禅宗的开悟就是要把中观、唯识的理论变成实践的行动，并有自己独特的观点和方法。若以整个思想体系而言，禅宗与中观、唯识的差别较大，而与《涅槃》、《楞严》和《大乘起信论》接近，但也不尽相同。限于时间，对这些以后有机会时再讲。

禅宗的开悟，是不能离开全部佛教这个基础、这个母体的，只是在修行的实践方法上对其他宗派而言有所创新。"本来无一物，何处惹尘埃"，好像六祖悟到的是空，是般若；但"一切万法不离自性"，又从空转到了有上，要知道，仅仅"本来无一物"还不行，不然佛那么多的功德、神通、智慧从哪儿来？六祖这五个"何期自性"，表明了他转识成智的完成。"应无所住"——是空，"而生其心"——不空了，转过来了，也就是转识成智了。六祖对这个"转"是深有体会的，所以后来才有"心迷法华转，心悟转法华"等种种开示。

从六祖开始并大力提倡，禅宗全力以赴的是开悟。临济大师说："但得本，莫愁末"，沩山对仰山说："只贵子眼正，不贵子行履。"都是抓住关键之处下手而纲举目张，从而达到了"王令已行天下遍，野老讴歌颂太平"的功效。这样，才能把"应无所住，而生其心"用活，而不是变成教条。李翱问药山禅师如何是戒定慧。药山说：老僧这里无此闲家具。药山这里不是没有，而是不住。有的人看不到其中的妙处，反而认为禅宗不要戒定慧，这还了得！

后来有许多似是而非的话，如什么"净土方便"，"密宗殊胜"，都优于禅宗。我们并不认为修净土或密宗有什么不好，龙树菩萨就说过念佛是易行之法。密宗也的确殊胜——可以"即身成佛"。但比起禅宗来这些都绕远了。禅宗是当下认识自己——天下哪有比自己认识自己更妥帖、更捷径的呢？永明寿禅师说："有禅无净土，十人九错路。"错就错在这些习禅的人是在心外别求，名为修禅宗，其实修外道。有的祖师说：我立地看你去——站在这里就可以看到你开悟。我坐地看你去——坐在这儿就可以看到你开悟。用宗下的行话来讲，悟都是哄你，都隔远了，本自具足，何须去悟。如果说你悟了《金刚经》的法意，而此次因五祖讲《金刚经》所大悟的，更是不与《金刚经》合拍。《金刚经》的主旨是"应无所住，而生其心"，说明六度波罗蜜的菩提心。六祖这里却是借缘而彻见本体，与《金刚经》所指的不同。六祖悟的内容并不是六度，而是悟的自己。这个悟，能概括全部《金刚经》，而《金刚经》的旨趣，则不能完全概括六祖之所悟。我这样说，当然会引起一些不同意见。我们欢迎有不同的意见，能把对《坛经》的研究、体验，提到一个新的高度。禅宗内欢迎怀疑，越是有疑，越能深入，真正的见地必须是彻头彻尾地进入，若有一丝滞碍，就差之千里了。

禅宗如何传法？

　　祖知悟本性，谓慧能曰："不识本心，学法无益，若识自本心，见自本性，即名丈夫，天人师，佛。"三更受法，人尽不知，便传顿教及衣钵，云："汝为第六代祖，善自护念，广度有情，流布将来，无令断绝。听吾偈曰：

　　有情来下种，因地果还生；

　　无情亦无种，无性亦无生。

　　祖复曰："昔达摩大师初来此土，人未之信，故传此衣，以为信体，代代相承。法则以心传心，皆令自悟自解。自古佛佛惟传本体，师师密付本心。衣为争端，止汝勿传。若传此衣，命如悬丝。汝须速去，恐人害汝。"慧能启曰："向甚处去？"祖云："逢怀则止，遇会则藏。"慧能三更领得衣钵，云：

"能本是南中人,素不知此山路,如何出得江口?"五祖言:
"汝不须忧,吾自送汝。"祖相送直至九江驿,祖令上船,五祖
把橹自摇。慧能言:"请和尚坐,弟子合摇橹。"祖云:"合是
吾渡汝。"慧能曰:"迷时师度,悟了自度,度名虽一,用处不
同。慧能生在边方,语音不正,蒙师传法,今已得悟,只合自
性自度。"祖云:"如是如是,以后佛法,由汝大行,汝去三年,
吾方逝世。汝今好去,努力向南,不宜速说,佛法难起。"

这一段涉及到禅宗传法的问题,禅宗传法历来不少人认为
其中是个秘密,所以有必要好好考究一下。禅宗历代传法,文
献记载都极为简略,几乎都是一句带过,没有什么具体的交
待,只有在《坛经》的这一段中,过程显得较为详细。我就五
祖传法、六祖得法,谈谈我的看法。

五祖听到六祖前面的那一番话后,立刻印可了他,"三更
受法,人尽不知,便传顿教及衣钵"。传的是什么法呢?就是
五祖说的:"法则以心传心,皆令自悟自解。自古佛佛唯传本
体,师师密付本心。"许多人认为其中有秘密,说五祖传六祖
时传了密法,传了"修命"的秘诀等等,这都是在外面瞎猜。
五祖明明说:"昔达摩大师初来此土,人未之信,故传此衣,
以为信物,代代相承。"为了破除外人的疑惑,使之有尊信之
心,才把这个衣钵代代相传。有衣钵的,就说明得了祖师的
法,有资格传法了。而这个法,就是"以心传心"、"自悟自
解"的法,也就是"佛佛唯传本体,师师密付本心"。而这个

"本体"、"本心"，就是六祖在上面大悟的那个"一切万法不离自性"，那五个"何期自性"。这个"本体"、"本心"就是佛性，就是般若、菩提、涅槃，绝不是什么"修命"的密法、命宫等等一类的延年益寿、神通妙用的法可以比拟的。一个是本，一个是末。许多人在根本要害之处不知下手，而对那些枝枝叶叶的事极感兴趣，空忙了一生，最后仍然没有结果。

"以心传心"是什么意思呢？就是把我的心传给你，你以你的心受之，以心传心，以心印心。禅宗的这种传授方式，并不是强迫灌输，不是用什么方法勉强你开悟，必须是自己"自悟自解"。这里讲得多明确呀！"师师密付"，因为这个法不是用语言文字表达得了，所以老师传法时采取秘密的方式。但与其他道门传法的神秘性不一样，他们叫你赌咒发誓，不能随便泄漏，否则就是刀砍雷劈。佛教不是这样，所以五祖要六祖"广度有情，流布将来"，还要让更多的人了解这个法，懂得这个法。佛教是普度众生，巴不得一切众生都立地成佛，唯恐其不快，有什么秘密舍不得布施给众生的呢？佛曾舍身饲虎，舍身饲鹰，这种精神，哪里是那些自私自利的人办得到的，又怎么会创立那种糊涂的法呢！

需要留心的是"善自护念"，要说秘传，这可以说是唯一的秘传了。许多人对悟后是否继续修行争执不休，看来五祖是强调悟后必修的。开悟虽然见了根本，仍然需要在根本上继续锻炼，不要让其他的东西给干扰了。对悟后必修这一点，大家不要怀疑，因为我们功德和力量都明显不够。以烦恼来说，开悟的人对烦恼肯定有力量，若没有力量，这个开悟就不是真实的。

依教下来讲，烦恼有两种，一是分别我执，一是俱生我执。分别我执是个人后天习染而成的烦恼，俱生我执是先天带来的烦恼，这在十二因缘中各占有几个环节。佛教认为，烦恼的中心就是我执，没有我执，各种烦恼失去了依止就无从发起。分别我执又叫见所断烦恼，一经见道开悟就可以断除。俱生我执又叫修所断烦恼，这就必须经过长时期的修行才能加以解决。还有功德，那是要不断地去做才会圆满。所以有了见地更要修，不要说"悟后不修"或"修即不修，不修即修"一类的话，要实践，要老老实实地继续修行，用六度的思想来检验自己，要得真实的受用才行。所以，单凭"善自护念"这一点，就证明了悟后必修。以六祖大师的天资尚须如此，何况其他。

还有一点，不要当"自了汉"，还要"广度有情，流布将来"，要好好为众生服务，把佛法的种子传下去。《法华经》说：佛为一大事因缘应现世间。这个大事因缘，就是要开示众生悟入佛的知见，要一切众生如佛一样，悟入诸法的实相。所以开悟后的事情是没有了期的。地藏王菩萨说：地狱不空，誓不成佛。要了期，就没有发菩提心，就不是大乘佛法的精神。

对达摩传法的公案，大家是熟悉的。达摩西来，与梁武帝谈道不合，北上嵩山，在少林寺面壁9年。要知道，无上大法绝不是少福浅慧的人可以得到的。据说二祖慧可为了表达自己的诚恳和求法的决心，硬是用刀把自己的左臂砍下来作为供养，求达摩指示。但达摩传的是什么法呢？他只是淡淡地问："你要我传什么法给你呢？"二祖用生命取得的这个提问资格，问的是什么呢？这个问题竟然是："我心不安，乞师与安！"这个问题值得一条手臂吗？说真的，许多人看到这里时都熟视无睹，包括一些学禅的，随便听听就过去了，没有认真的反省。要知道，人类从有知识到现在，一直心是不安的。佛教讲世间是五浊恶世，每个人又有其中的烦恼浊，见浊，在这个世间你怎么能安得了心呢？一般人在平常时感觉不到什么，但一到关键时候，心里能安宁的有几个？释迦佛当年就是因为心不安才出家，出了家心里还是不安，后来在菩提树下开悟，才解决了问题，心安了。

到底人生宇宙是怎么回事，佛法是怎么回事？连慧可这么著名的法师都弄得心不安，于是才立雪断臂，才向达摩求安心法，可见其心迫切到什么程度。而传法的人呢，居然9年不开口，这到底是什么法呢？要知道，达摩到中国时已经百多岁了，从印度来中国就是为了传这个法。百多岁的人居然如此耐心，为了一个合格的传法人居然等了9年，知道这些，才知道这个法的重要，也才知道二祖所问的重要性。

达摩终于说话了，说得也很奇怪："安心，好啊，你把心交给我，我与你安！"慧可一反省，什么是心呢？我们的心又在什么地方呢？大家可以结合《楞严经》七处征心那一段看看，就是说这个问题。一般的人，包括许多专门的学者，对这个问题还想不到如此广泛和深刻。但二祖却是深入其境，远不是在书斋里闲谈，有那么多的悠闲气氛。心到底在什么地方呢？不在内、不在外、不在中间，哪儿都不是，哪儿都找不到，于是对达摩说："欲求自心，了不可得。"达摩对这句话有什么反应呢？达摩只是平静地肯定了他说："与汝安心竟。"安心法就是这个，任务完成了，慧可于是成了二祖。对这个公案，大家好好去参，可不要停留在二祖那句现成的答话上，那是二祖的，可不是我们自己悟到的。如果头脑中有了这么一句之类的现成答案，自以为懂了，悟了，就成了船子和尚所说的"一句合头语，万世系驴橛"，你要开悟，那就难上加难了。从这里，也可以看到禅宗传法的特点。

六祖得了法，五祖担心有人害他，亲自把六祖送过了江，在船上六祖的那番对话，都是见性的人以本分相见的机语，句句带玄，丝丝入扣。所以我们说宗门答话不是随便的，两者要真正的相投——所谓"啐啄同时"。老师接引弟子，如同母鸡孵小鸡一般，小鸡在蛋壳里成熟了，要出来了，在里边啄，而母鸡则在外边啄。母鸡啄早了，鸡儿子没有成熟，啄不得；迟了，小鸡就会闷死在蛋壳里。祖师们接人答话，就如同接生婆一样，一点马虎不得。外行看《五灯会元》，认为祖师们的答话是随便乱说，故弄玄虚，如同说相声一般，那怎么行！要知道机锋一来，如杀人刀，如活人剑，有杀有活，有纵有夺，都是应机而发，引人悟入。不然就文不对题，甚至把人引入歧途。五宗七家里如临济的四宾主、四料简、曹洞的五位君臣等，都是著名的接人手法。

再说神通，祖师们有没有神通呢？五祖预言："以后佛法，由汝大行，汝去三年，吾方逝也。"这似乎又透露了消息。从《坛经》、《高僧传》中所记载的一些高僧的传记看，有神通的例子很多。高僧们是戒妄语的，他们的话是可信的。不过禅宗对神通不重视，因为这对解脱生死并不重要，了生脱死的功夫也不在神通上。但修行到一定的火候上，神通会自然到来，无须你去执著追求，只是涵养本元，本元养熟了，枝末之事——如神通等，有没有又有多大的意思呢！

本 来 面 目

慧能辞违祖已，发足南行，两月中间，至大庾岭。逐后数百人来，欲夺衣钵。一僧俗姓陈，名惠明，先是四品将军，性行粗糙，极意参寻，为众人先，趁及慧能。慧能掷下衣钵于石上，曰："此衣表信，可力争耶？"能隐草莽中。惠明至，提掇不动，乃唤云："行者行者，我为法来，不为衣来。"慧能遂出，盘坐石上。惠明作礼云："望行者为我说法。"慧能云："汝既为法而来，可屏息诸缘，勿生一念，吾为汝说。"明良久，慧能云："不思善，不思恶，正与么时，那个是明上座本来面目？"惠明言下大悟，复问云："上来密语密意之外，还更有密意否？"慧能云："与汝说者，即非密也。汝若返照，密在汝边。"明曰："惠明虽在黄梅，实未省自己面目，今蒙指示，如人饮水,冷暖自知,今行者即惠明师也。"慧能曰:"汝若如是,吾与汝同师黄梅,善自护持。"明又问:"惠明今后向甚处去?"慧能曰:"逢袁则止,遇蒙则居。"明礼辞。

慧能后至曹溪,又被恶人寻逐,乃于四会,避难猎人队中,凡经十五载。时与猎人随宜说法,猎人常令守网,每见生命尽放之。每至饭时,以菜寄煮肉锅,或问,则对曰:"但吃肉边菜。"

《坛经》的其他本子还有如下的记载:六祖离开黄梅几天后,五祖向弟子们宣布说:"佛法已经南去。"弟子们问:"谁得到了老师的佛法呢?"五祖说:"能者得之。"这虽然是双关语,但弟子们一听就知道是写偈批评神秀的那个南方獦獠慧能了,于是就有几百人去追夺达摩衣钵。其中追在最前面的是惠明和尚,他是军官出身,武功很好,在湖广交界的大庾岭上赶上了六祖。于是就产生了"不思善,不思恶,正与么时,那个是明上座本来面目"这个公案。

对这个公案有两个讲法:一是不思善,不思恶的那个心就是本来面目,也就是"喜怒哀乐之未发"的那个心。但这种讲法很平淡,不能使人深入。黄檗禅师在《传法心要》中说:"正惩么时,阿哪个是明上座本来面目?"这里要设一问,就把问题翻深了。古代没有标点符号,那哪同用,黄檗禅师这一提持就活了。

另外"不思善,不思恶"这两句,实际上概括了一切思维活动中的相对观念。如空色、有无、前后、远近、中边等等，一切总不思，这时，哪一个是你的本来面目呢？又在什么地方呢？大家可以多参一下，这是一个值得参的话头。

大慧宗杲禅师有一个著名的竹篦子话头，他手中常常拿着一根竹篦条，有时用来打人，有时用来问人，而且常这样问："唤作篦条则触"——既是竹篦条，我还问你干么？"不唤作竹篦条则背"——明明是竹篦条嘛，不能唤成其他。但是，"不得有语，不得无语，不得棒，不得唱，不得作女人拜，不得作绕床窜，不得造妖捏怪，装腔作势，一切总不得，是什么？"这是对六祖这个公案的极好发挥。六祖这个公案，还限定在思维范围，而大慧杲则把它推广到思维和一切行为动作之中。这是因为六祖这个公案用的时间长了，大家熟悉了，所以后来许多祖师干脆不用语言，而是用各样动作来表达自己的理解。但这些动作，如棒、唱、女人拜、圆相及各种"造妖捏怪"的动作用久了，也会成为八股。所以大慧杲才把这些统统堵死，让你再深一步参。

大慧杲的一个学生说："老师这个话头我参不了，您老好似一个棒客，把人家全身都抢光了，还要人家拿钱来。"大慧杲说："你答得也，不过，拿不出钱来也不行，就拿命来！"宗师的方便怎么讲，恰恰就是想方设法把你思维的路子堵了，把分别思维斩断，还要你"速道速道！"只有这个时候，忽然铁树开花，一个真正的"我"才跳得出来。这样的宗风，在禅宗之外是找不到的。就这一点，说禅宗是"不立文字、教外别传”真是恰当不过，因为你把三藏十二部翻完，也找不到这个答案。

惠明因六祖开示而开悟后，又问："上来密语密意外，更有密意否？"看来，祖师传法时是否传有密法这个疑问，早在那时就有了，还不是今天的发明。明确地说，禅宗若讲密法，那就成了密宗，而不是禅宗了。所以六祖极其明白地说："与汝说者，即非密也。汝若反照，密在汝边。"自性本自清净，本自具足，就是你自己。这么贴近，哪有半点密呢？自己对自己还有什么秘密吗？若要舍内求外，那自然就有密了。你懂，别人不懂，对别人而言是密，但一经反观自照，自己明白了自己，密又何成密呢？这是最简单明白的问题，但同时又是最迷惑人的问题，希望大家能有清醒的认识。

六祖从得法到后来出世说法，中间尚有 15 年的时间。这期间《坛经》没有多说，只是谈到六祖在猎人群中韬光养晦。这 15 年，实际上是六祖进一步护持、进修的阶段，把自己习气陶炼得净尽、圆融，才能荷担如来家业，才能在后来广传无上大法，揭开了弘传千年的禅宗序幕。所以，六祖一到广州法性寺就能一鸣惊人，与印宗法师论《涅槃经》时，境界是那样纯熟高深，这绝不是偶然的。

《涅槃经》和不二法门

一日思惟："时当弘法，不可终遁"，遂出至广州法性寺，值印宗法师讲《涅槃经》。时有风吹幡动，一僧曰风动，一僧曰幡动，议论不已。慧能进曰："不是风动，不是幡动，仁者心动。"一众骇然。印宗延至上席，征诘奥义。见慧能言简理当，不由文字，宗云："行者定非常人。久闻黄梅衣法南来，莫是行者否？"慧能曰："不敢。"宗于是作礼，告请传来衣钵，出示大众。宗复问曰："黄梅付嘱，如何指授？"慧能曰："指授即无，惟论见性，不论禅定解脱。"宗曰："何不论禅定解脱？"慧能曰："为是二法，不是佛法，佛法是不二之法。"宗又问："如何是佛法不二之法？"慧能曰："法师讲《涅槃经》，明佛性是佛法不二之法，如高贵德王菩萨白佛言：犯四重禁，作五逆罪，及一阐提等，当断善根佛性否？佛言：善根有二，一者常，二者无常，佛性非常非无常，是故不断，名为不二；一者善，二者不善，佛性非善非不善，是名不二；蕴之与界，凡夫见二，智者了达，其性无二，无二之性，即是佛性。"印宗闻说，欢喜合掌，言："某甲讲经，犹如瓦砾；仁者论义，犹如真金。"于是为慧能薙发，愿事为师，慧能遂于菩提树下，开东山法门。慧能于东山得法，辛苦受尽，命似悬丝，今日得与使君官僚僧民道俗同此一会，莫非累劫之缘，亦是过去生中供养诸佛，同种善根，方始得闻如上顿教，得法之因。教是先圣所传，不是慧能自智，愿闻先圣教者，各令净心，闻了各自除疑，如先代圣人无别。一众闻法，欢喜作礼而退。

前面我们提到过《金刚经》、《中论》和唯识学，而《坛经》在这里，又联系上了《涅槃经》。禅宗在佛教理论中的依据是什么？为什么能旗帜鲜明地提出"一切众生皆有佛性，皆可成佛"这一响亮的口号？就是因为这个思想来源于《涅槃经》。《涅槃经》是大乘佛法的根本经典之一，是佛在涅槃前一昼夜讲完的，可以说是佛对自己49年传法的大总结，也可以说是末后的付嘱。

大小乘佛教都遵循"苦、空、无常、无我"的信条。而《涅槃经》却提出了"常、乐、我、净"为涅槃的四德。那边是无常，这边是常；那边是苦，这边是乐；那边是无我，这边是有我；那边是烦恼，这边是清净。而这一切，都是在当人的心体自性之中，可以说《涅槃经》讲的，恰恰是六祖所说"自性"的最好注脚。

风动、幡动、仁者心动的公案，大家都很熟悉，但真正透彻的能有几人？庄子曾经说过："飞鸟之景，未尝动也。"僧肇有其著名的《物不迁论》。在欧洲，从古希腊哲学到近现代的黑格尔、罗素等，不知为这一现象发表过多少精彩的议论。下面品品这个意趣。

风动幡动很容易理解，说心动就很不平常了。说是风动，那山为什么不动呢？说幡动，没有风的时候为什么不动呢？两者都可以讲，但都不能成立。因缘合和，二者结合在一起就动了，缘起嘛，但心动不好讲。僧肇那个《物不迁论》，物不迁，就是根本不动。时间是链状的联系，指这个链子解开，每个时间点上都有相应的东西，而且根本上没有动的。僧肇的结论是："旋岚偃岳而常静，江河竞注而不流，野马飘鼓而不动，日月丽天而不周。"憨山大师看到这里就开悟了。但这怎么讲呢？若能动，那么现在的事物能到古代去，则古代的事物可以进入现在。你能超越时空，看到赵子龙大战长坂坡吗？不能，你没有进入过去，过去也没有进入现在，而是各自处在自己相应的时空范围内。如果不是这样，那古人和今人都可以相互串门了。

那么究竟什么东西可以动呢？六祖说："仁者心动。"各有各的时空，各有各的世界。古希腊哲学家芝诺就认为，世界是不动的，他著名的命题就是阿基里斯追不上乌龟。先让乌龟跑出 10 米，再让著名的长跑运动员阿基里斯去追，由于时空的无限划分，要在有限的时间内赶上无穷个点是不可能的，于是他追不上乌龟。这个命题还真不容易驳倒。黑格尔说，不难，只要取掉了时间的限制，转瞬之间就超过了乌龟。但黑格尔超越了芝诺的大前提。

生活就如同放电影一样，动态图像是由许多静止不动的图像连贯而成的，只是有个东西在动，欺骗了我们的眼睛，故误认为世界在动。其实，那个动的东西就是你的心，是你的心把这一切联系起来了。康德就揭示出了其中的道理。如果任何东西都能动，那么人就不会死了。要知道，人在娘胎里就开始死了，生活一秒，死亡一秒，三岁时就死了三年。这种方法，如同火箭发射时的倒数数一个道理。前面的东西一分一秒地过去了，每一段都是排列起来的，但没有一个东西能乱了秩序，能跑到现在来，所以人才会老。如果现在的老就是你从前的年轻，那才便宜了你。这个道理就是"物不迁"。

憨山大师在五台山入定时，由于风太大，定不下来，妙峰对他说，境由心造，是你自己的心没有静下来啊。于是憨山大师就找了个水涧边坐，久而久之，就听不到水声，再进一步，又听不到风声、鸟声。为什么呢？一般人把一个一个的时间点连结起来，就能听能见了，如功夫专一，只到那一个时间点上不动——本来的那一念显示出来之后，就可以听不见了。这里一起变化，那边宇宙也在变化。境与心是一种微妙的函数关系，是活的。憨山在这个时候想休息一下，出去走走，在走时，就感到风吹过来时，这个身体好像是空的，对风没有阻力，走到一个地方，忽然间一念脱落，就得定了。得定之后，他发现外境与自己的内心分不开，内心就是外境，外境就是内心，整个宇宙与我融为一体。他在定中做了一首诗："瞥然一念狂心歇，内外根尘俱洞彻。翻身触破太虚空，万象森罗从兹灭。"内外的壁隔一下打破了（而我们是没有打破的），这时，时间和空间都不存在了，那是真正的入了不二法门。

憨山出定之后，回去一看，在他感到只过了一瞬间的时候，刚才吃完饭，没有洗的锅、碗上的灰都积了一层，就这么一瞬间，竟经历了二十来天。"洞中方一日，世上已千年。"爱因斯坦的时空与速度有关，而在定中的时间，又与什么有关呢？祖师们说"虚空粉碎"，你不能破，你就在虚空里面；破了，你就在虚空之外了。但这一切，都归摄在一心之中，"仁者心动"，里面深啊！

六祖一出语就产生了"一座骇然"的效果，印宗法师经过询问，知道是五祖的传法人来了，于是就虚心请教五祖传了些什么。对这个问题，六祖的回答更是骇人听闻："指授即无，惟论见性，不论禅定解脱。"从这里，大家可以更清楚地看到禅宗内部到底有没有密法。许多人认为如果不密传点超人的东西，怎么会成为祖师呢？

要知道，一切神通妙用皆从定起，而五祖不仅没有密传什么"定功口诀"，连禅定是怎么回事都没有给六祖说，岂止禅定，连解脱这么根本的东西也没有谈。要说谈了什么、交待了什么，那就只有《金刚经》和前面所说的那些。所以六祖说：五祖与他"唯论见性，不论禅定解脱"。

惟以见性为重，是禅宗的根本点，这在唐代祖师中表现最为突出。河北某长官曾问临济大师："你这庙上的僧众还看经不？"临济说："不看经。"那位长官又问："那么他们坐禅不？"临济说："不坐禅。"这位长官很惊讶，说："经也不看，禅也不坐，那你们这些人出家到底干什么？"临济说："总要叫大家成佛作祖去。"临济这么大的口气，他卖的什么药呢？卖的就是见性这副药，这是宗门的特制产品，教下少有，所以称之为教外别传。这里须提一下，上面所持的，并不是要大家不看经，不坐禅，而是要大家不要在这上面执著，不要死在句下，而要看准佛性，一竿子插到底。

六祖以"不二法门"的道理来回答了对此产生的种种疑

问，这是无上佛法与那些似是而非见解的分水岭，也是修证佛法的一大难关。如果问什么是"见道"、"破参"，对不二法门的领悟与否，可以说是一个里程碑。禅宗的见性、开悟等等，都可以说是对不二法门的领悟。佛法是不二法门。有两样法就不是佛法。"唯此一真实，余二皆非真。"只有这一件是真的，其他都是假的。一切众生都有佛性，而且具足完满不欠分毫，还须要去修证吗？自性本不动摇，还需要去"定"吗？自性本自清净，还需去律范吗？自性本不生灭，还需要去解脱吗？所以，三祖见二祖时说："望和尚慈悲，乞与解脱法门。"二祖说："哪个把你束缚了呢？"三祖说："没有人束缚我呀！"二祖说："好道，既然没有人束缚你，你又求什么解脱呢？"三祖于是言下大悟。所以祖师说："佛说一切法，为除一切心，既无一切心，何用一切法。"所以禅宗教你不思善，不思恶。一说即心即佛，紧接着又补充个非心非佛。以此类推，生灭是二，净秽是二，有无是二，色空是二，凡圣是二，无穷无尽，尽把你网在中间出离不得。大家想想，我们的头脑，不是倒向这边，就是倒向那边，今天是，明天非，为什么超越不出呢？"超出三界外，不在五行中"，说着好玩，但又怎样超出得了呢？所以要在这里看到禅宗的殊胜。

　　"不论禅定解脱"，见了性，哪里还需要这些呢？《金刚经》说："如来说法，如筏喻法者，法尚应舍，何况非法。"见了性，本身就在定中，本身已得到了解脱，所以一经见性，一了百了，这就是禅宗的主张。这与前面"善自护念"，悟后必修是否矛盾呢？不矛盾，这也是不二，要知道《金刚经》所说的"一切圣贤皆以无为法而有差别"的道理。

六祖大师用《涅槃经》对常与无常、善与不善的开示，来回答了印宗法师的疑问。我们懂得了上面的道理，理解就容易了。

关于不二法门，在《维摩诘经》里还有一个有趣的故事：维摩大士生病了，佛让弟子们去探病，可罗汉们都不敢去，他们害怕回答维摩大士所提的问题。佛于是就派文殊菩萨率领一个菩萨慰问团去慰问。维摩大士果然向菩萨们提出了一个极难的问题——什么是不二法门？在场的32位菩萨对此作了回答，但维摩大士不满意，最后文殊菩萨回答说：说不二，就已经是二了。其实这样解释，那样解释都是废话，请维摩大士说说，怎样才是真正的不二法门呢？结果维摩大士一言不发。文殊菩萨果然智慧第一，他赞叹说：维摩大士已经把不二法门说了，因为说一必定二，不说恰恰是不二法门的最高注解。文殊菩萨说完后，天女散花赞叹。这个不二法门就是涅槃境界，四谛法印就是一谛，就是涅槃，如果没有涅槃，那佛教的一切努力都会落空。知道了这些，你才知道祖师们的作为是如何的可贵，手眼之高，令人叹为观止。

行由品大致讲到这里，尽管没有尽意，也用了不少时间。这一品涉及禅宗的东西太多，所以讲细一点。后面除机缘品外，我们拣重要的提持一下，不然又怕讲不完啊！

般若品第二

前面讲了《行由品》，现在讲《般若品》。般若是印度音，就是智慧的意思，这个智慧不是我们平常理解的那个智慧，而是依照佛的说法，了生脱死，得到解脱的那种智慧。佛说法49年，谈经三百余会，而讲得最多的就是般若。菩萨们称佛一切时都说般若，所有的佛法都从般若而出，所以般若为诸法本，为诸佛母。龙树菩萨有个徒孙叫阿侯罗拔陀罗，他写了一首"赞般若波罗蜜多偈"，写得极好，其中有这么几句：

> 佛为众生父，般若能生佛，
>
> 是则为一切，众生之祖母。

你看，般若的地位有多高。佛经被记录、整理出来后，其中部头最大、分量最大的就是般若。一部《大般若经》就有六百多卷。玄奘法师译经，力气花得最多，精力耗得最大的就是这部经。而《金刚经》仅是其中的一小部分而已。学佛的人不学般若，那他就等于没有学佛法，不管你念佛也好，修密宗也好，都必须有般若的见地，这是本钱，也是学佛的资粮。对禅宗而言，般若就是禅宗的灵魂。要知道，历代真正的祖师，他们都是把般若弄活了的。

"这儿"就是般若

次日，韦使君请益。师升座，告大众曰："总净心念摩诃般若波罗蜜多。"复云："善知识，菩提般若之智，世人本自有之，只缘心迷，不能自悟，须假大善知识，示导见性。当知愚人智人，佛性本无差别，只缘迷悟不同，所以有愚有智。吾今为说摩诃般若波罗蜜法，使汝等各得智慧。志心谛听，吾为汝说。善知识，世人终日口念般若，不识自性般若，犹如说食不饱；口但说空，万劫不得见性，终无有益。善知识，摩诃般若波罗蜜是梵语，此言大智慧到彼岸，此须心行，不在口念，口念心不行，如幻如化，如露如电。口念心行则心口相应，本性是佛，离性别无佛。"

六祖在第一品讲自己得法的经过，第二品就讲般若，可见般若的重要。《金刚经》是专讲般若的，六祖的传授是从《金刚经》来的，也因《金刚经》而悟，这说明禅宗是没有离开教的，不能像后来的一些讲禅宗的过分强调祖师们的方便，而把教丢在一边。

大家都读过《心经》，"观自在菩萨行深般若波罗蜜多时……"里面全讲的是般若。如果说禅宗就是般若宗也完全可以。不过禅宗所讲的般若，不单是在文字上、在思维分别上、理论上，而是贵在教师与学生的关系上，教师要以他的心得影响学生，发起学生自身的、活的般若智慧，是这样一种传承关系。不像教下，把那些书讲完，学生考试及格就算脱手。所以禅宗是"行门"，不是"解门"。

其中的道理是什么呢？禅宗重在实处的见地，重在直接转身，就这个道理，而且这就是真正的般若。藏传佛教称般若为"经王"，般若讲的道理为"了义"。什么是"了义"呢？就是干净、彻底。在什么地方干净，在什么地方彻底呢？这个干净彻底，不是在理论上、学问上，而是在自己的心性上。六祖大师讲般若，就给了我们这样的法："菩提般若之性，世人本自有之。"这里再强调一下，以禅宗的观点来看，人人都有佛性，人人都是佛。你自己不信，觉得是与你开玩笑似的，但禅宗是绝对强调这点，其修行、其方法都是建立在这个基础之上，不然顿悟成佛就失去了依据。

世人为什么意识不到这一点呢？六祖说他们由于"心迷"，自己颠倒了，看不到自己的伟大，不知道自己本来是佛，硬要在外面去求什么法。唯识学为了让大家清楚了解这一点，才建立了"万法唯识"这一套学问。懂了唯识的道理，就知道你见的一切，你希望的一切，根本没有离开自己的心。不了解这一层道理，硬要在外面寻觅，所以六祖说是"心迷"。如果说这是唯心论，或说成是主观唯心论都不要紧，佛教有佛教的理由。不论你说唯心、唯物，但一谈问题，必须从这儿开始，从我们的心，从我们的思想开始，这是一切文化产生的关口。所以不论你说这说那，说是说非，必须从当前这个直觉、感觉，当前这个心起手，不从这儿起手，一切都无从谈起。哪怕你要反对，要批判，也得以这儿起手，不然你凭什么来反对批判呢？这一关非过不可，这是禅宗的"禅眼"。

禅宗最重视这一点，下手就是在这儿下手，所谓证了实相，就是认识了自己；对人生宇宙不能认识，就是因为没有认识自己。如果你不愿从这儿下手，那佛菩萨也拿你没法，所以六祖说他"只缘心迷，不能自悟"，这怎么办呢？那就必须"假大善知识导示见性"——指示你的本分，指导你开悟的门径。要知道，大善知识不可能有什么玄妙的东西，什么密法传给你，佛也没有什么东西可以给你，他们只有一个指路的人，帮助你自己认识自己而已。

有人说，既然大家都有佛性，为什么会迷而不觉呢？我认为这没关系，有迷才有悟嘛，这是禅宗的主张，不分什么声闻缘觉，圣人凡夫。禅宗认为人人都有佛性，人人平等。六祖说："当知愚人智人，佛性本无差别。"所以不要怕迷，有迷才有悟。再把话说穿，迷悟都与佛性无关，迷悟是二法，而佛性是不二的。当教师的常问学生懂不懂，学生间懂与不懂是有一时差别的，但从本体上来讲又有什么差别呢？昨天不懂，今天懂了，都只是本性功用上的显示而已。懂，不能说明这个本性多了什么；不懂，也不能说明这个本性少了什么，不是吗？

以教下而言，讲般若就离不开缘起法，一切法都是缘起。教下讲般若可以说是"尽矣、至矣、无以复加矣"。小乘佛教认为懂得了缘起法就懂得了佛法。大乘的中观、唯识对缘起法作了更加深密的发挥。不论大乘、小乘，缘起法都是以人生的问题为中心而展开。对禅宗来讲，也不是离开了这些道理而另外建立什么道理。禅宗对这些问题是："提持向上"，在修行的实践上有重大的发挥。所以六祖在这上面没有作什么理论的发挥，而处处强调"直下见性"，而且更进了一步。下面举个公案。

唐代有个和尚问长沙岑禅师："亡僧迁化后什么处去也？"长沙岑作了一首偈子说："不识金刚体，却唤作缘生，十方真寂灭，谁住谁复行。"长沙岑认为，这些比丘因为没有认识到这个金刚本体，就只有从现象上谈谈缘生法而已，如果真正达到了寂灭大定的境界，缘起又在什么地方进行呢？进一步讲，"十方真寂灭"，十方就是东南西北四维上下，十方本来寂灭，法性动也没有动一下，本来就在涅槃之中，再找一个涅槃岂不是多事？"谁住谁复行"，亡僧到哪儿去了呢？又有哪儿可去呢？若东行西去的，就没有寂灭嘛，就没有证到寂灭的本体嘛。缘生法恰恰是金刚本体的作用，不是离开了金刚本体还有什么法叫缘生法。

这些都是真实的功夫，要如实去修行，不能纸上谈兵。所以六祖强调要"心行"，不要仅停留在口头上、理论上，不然，学到的般若也是"如幻如化，如露如电"的，解决不了问题的。若心口相应了，就知道"本性是佛，离性别无佛"了。

妙心比天大

何名摩诃？摩诃是大，心量广大，犹如虚空。无有边畔，亦无方圆大小，亦非青黄赤白，亦无上下长短，亦无嗔无喜，无是无非，无善无恶，无有头尾，诸佛刹土，尽同虚空。世人妙性本空，无有一法可得，自性真空，亦复如是。善知识，莫闻吾说空，便即著空。第一莫著空，若空心静坐，即著无记空。善知识，世界虚空，能含万物色像，日月星宿，山河大地，泉源溪涧，草木丛林，恶人善人，恶法善法，天堂地狱，一切大海，须弥诸山，总在空中。世人性空，亦复如是。善知识，自性能含万法是大，万法在诸人性中。若见一切人，恶之与善尽皆不取不舍，亦不染著，心如虚空，名之为大，故曰摩诃。善知识，迷人口说，智者心行。又有迷人，空心静坐，百无所思，自称为大。此一辈人，不可与语，为邪见故。

一般人讲到这里，总是跑到哲学、数学、物理学或天文学的范围里去了。这个"摩诃"——大，不在宇宙中去找到答案，还有什么能称之为"大"呢？六祖说："心量广大"，把这个"大"放在了自己的这个心上。禅宗开宗明义是这个话，归根到底还是这个话。要知道，在佛法里，虚空还不算大，虚空也只不过在我们心里，只是心里的一个部分而已。心量比虚空、比宇宙还大得没法比。虚空仍然是你心意识的显现，悟到最后，这个虚空还会粉碎。说到这里，一般人就理解不了了，虚空怎么还会粉碎呢？要知道，虚空也只是一种假象，不是不变的，仍然是一个无常的东西。虚空只是我们观念中所现的一个相，你自己的念头变了，外面的虚空也会发生变化。这在现代科学中也得到了证明。在爱因斯坦的相对论里，空间和时间都不是固定的，而是一种变量。现在的宇宙爆炸说更是证明了这一点。尽管宇宙是个恒一的量，它爆炸、扩展、收缩，对它恒一的量并无增减。但从相上来说，也有它的聚散的变化。

所以学禅宗的人对此要确信，你知道宇宙有多大，你的心就有多大，你才知道自己的伟大。所以禅宗开门见山就告诉你是佛，与佛无二无别，现在虽然没在证到，但应该信到。佛教讲"信、解、行、证"，先应以信入，最后以证了，禅宗的修法就是这样。

心是什么呢？它有什么样的形态呢？六祖这里向我们作了详细的阐述，不过方法是否定的。有的人一用功见这见那，就认为自己见了"性光"。千万不要上当，心什么也不是，若能见得到，这个心就小了，就受到了限制。《金刚经》说："如以色见我，以音声求我，是人行邪道，不能见如来。"所以六祖说了那么多"无"，从"无有边畔"，到"无有头尾"，最后是"无有一法可得"。要知道，方圆大小，青黄赤白，是非善恶等等，全是相对的概念，它们在相对里全都是对的，但相对的范围一突破，超出了经验而引伸到绝对里，就不起作用了。譬如说数量，我们工作、生活都离不开数量，但引伸到绝对里——宇宙重多少吨呢？谁说得清楚。因为这些数量对于宇宙毫不起作用，也说不明问题。

六祖还把虚空的道理，归结到"世人妙性本空"上来，我们每一个人都具有这个"妙性"，这个"妙性"又是"本空"的。怎么"妙"法呢？就是与虚空一样：无是无非，无长无短，无色无相，而且"无一法可得"。也就是说，虚空的那个德，我们本性全有，就这个虚空也在我们妙性之中。有的人说佛法玄妙，是有点玄妙，不玄妙怎么能得解脱呢？但这个玄妙不是别的，就是你自己那个心，这就是禅宗的作略。说开悟很难，但一经点破才感到是那么的平常，那么的容易。大家在这儿听《坛经》，而且都听到了，这就是"妙性"嘛。这个"妙性"是什么呢？是耳朵、大腿、丹田？总之你找不到，你说妙不妙！拿相对、具体的东西在这儿找是找不到的，所以才是"妙性本空，无有一法可得"。若有一法可得，就不妙了，也不空了。所以永嘉大师在《证道歌》中说："不离当处常湛然，觅即知君不可见。"大家所熟悉的《心经》，全部结论是就这么一句话。如"五蕴皆空，度一切苦厄"，"空中无色、无受想行识"，下面的几个"无"，把什么都"无"干净了。那佛说的法呢？"无苦集灭道"，那么六度万行呢？"无智亦无得"，为什么《心经》要把这一切扫得如此干净呢？因为这一切一切，都是"以无所得故"。这就是"妙性本空，无一法可得"。不是佛，也不是六祖执意要说空，因为人生宇宙的真谛就是空。有的人到了这里就害怕了、什么依靠都没有了，家庭、单位、国家、地球、极乐世界都空了，我们的归宿在哪里呢？不要怕，你真的空了，就会"心无罣碍了"，"无有恐怖"了。如果你还要抓一个东西在手，心里才安稳，那就绝对空不了。你若能做到一切皆空，才能"远离颠倒梦想"，也才能"究竟涅槃"。

六祖说了那么多空，但不放心，害怕大家产生误解，所以马上转了回来，说："善知识，莫闻吾说空便著空。"佛教有个譬喻叫"以楔出楔"——为了从木头里取出一根钉子，但却把新的钉子留在木头里了。说空就是要把钉子取出来，但著空又把钉子留在里面了，所以，你若把空抓住，就完了，就永远空不了。我再一次说，证悟与解悟的分水岭就在这里。真正的证悟，是在修行里，在本分上直接把这个空感受到了，我们的心就是这个空，并不需要你在道理上说长说短。这时的概念活动已经脱落，正如本来就是成都人，在成都不需要导游一样。

唐代的严阳尊者问赵州禅师说："一物不将来时如何？"赵州说："放下著。"严阳尊者很不理解，他问："我已经是一物不将了，还有什么东西可以放下呢？"赵州说："对不起，你若放不下，那只好担起走。"严阳尊者听到这里就大悟了。这说明什么问题呢？就是六祖大师所说的"著空"，实际上仍把空执著了，根本没有实证到空。经赵州把他执著的空夺了，他才真正领悟了。

现在气功很流行，有些教人静坐的，要学生坐在那里什么都不想，这实际上是学道的毛病。这样久了，记忆力、智力、思维都要严重退化，这就是"无记空"的后果。坠入"无记空"的人，认为善也不要去想，恶也不要去想，认为这就是空性，就是道，其实大错。空空空，空什么呢？空是有对象的，我们的心有一种自发性，只要想到什么事情，就惦记在这个事情上。自己贪爱的，惦记的时间就长，在行为上的造作就表现得多。空，就是要空掉这一类的东西。引而伸之，万法皆空的道理是根据缘起论，以心物关系而言，从心离不开万法的角度来看，心本来就空。从万法离不开心的角度来看，万法本来就空。能在这里一转身，就是好消息。在这里，你才知道云门大师所说的"转山河大地归自己，转自己归山河大地"。你才能见性，才能解脱。这里哪里有"无记空"的地位呢？对于那些坠入"无记空"的人，还自满自大，以为是得了道。六祖告诫说："此一辈人，不可与语，为邪见故。"——其实是中了邪见的毒，连一般人都不如。大家以后用功时，千万切记于此，禅宗万不是这个道理。

主人公在什么地方

　　善知识，心量广大，遍周法界，用即了了分明，应用便知一切。一切即一，一即一切，去来自由，心体无滞，即是般若。善知识，一切般若智，皆从自性而生，不从外入，莫错用意，名为真性自用。一真一切真，心量大事，不行小道，口莫终日说空，心中不修此行。恰似凡人，自称国王，终不可得，非吾弟子。

真正开悟的人，真正有见地的人，不会把客观世界抛在一边，不会逃避现实生活。相反地，他对工作，对生活的考虑更周密，做得更好、更巧、更高明，可以"遍周法界""了了分明"，而且"应用便知一切"。那些空心静坐，坠入"无记空"的人，有这样的能耐吗？

"心量广大"是前提，必须承认这个东西，你体会到这里就抓住根本了。心体是空性，第一义空。一说佛性就是全体空，但空呢？全体是色，没有一处不是物，也没有一处不是空，所以"空即是色，色即是空"这是泄露天机的话呀！其实，空就是什么都有，有就是什么都空，这个空就是这个有，这个有就是这个空，但是这个空也不是这个有，这个有也不是这个空。达到了这样的认识，你才能深入"一切即一，一即一切"，也才能"来去自由，心体无滞"。也就是说，你已经品尝出般若的味道了。要知道，正因为空，才能建立一切，正因为空，你舞剑弄拳才没有障碍，正因为空，才会有昨天、今天、明天。

禅宗讲传心。心是每一个人都有的，心量又是如此之大，如此之妙，所以是大事。要学这个法，就不要去学那些邪门歪道。要知道心是根本，"一切般若智，皆从自性而生，不从外入"，这里真了，对了，那一切都对了，所以这个事情大得很。《法华经》称佛出世"为一大事因缘"，就是这个道理。

老师悟的是这个东西，传呢？不过是把他悟到的让学生再悟一下，老师是不能、也没有什么东西可以给你的。你想，一个无时间空间，无色无相，无善无恶、无是无非的东西怎么个传法呢？所以，开悟见性是大事，但不要从外面去寻觅。洞山禅师开悟时就说："切忌从他觅，迢迢与我殊。"在外面求，是永无结果的。

欧洲大哲学家笛卡尔有个著名的论断："我思故我在。"他认为，任何推理，必须有个根本的前提，而这个前提是无须证明的。把宇宙万物找完，只有一个东西无须证明，这就是"我"的存在。我正在"思维着"的这个存在是无须证明的，所以一切推论都必须从这儿开始。这是无须怀疑的，而其他一切则是可以怀疑的。这与禅宗有些相近，怀疑到最后，这个"怀疑"本身还能否怀疑？又是谁在怀疑呢？所以只有这个东西非承认不可。"我思故我在"，对我就不能怀疑了。禅宗认为不行，还须更进一步，"我"还是空。这就是内道外道的分水岭。现在西方哲学大多有笛卡尔这个味道。康德哲学、存在主义、现象学、新托马斯主义等等，都知道这个重要性。只有一点他们不敢谈，就是这个我也是空的。这是佛教的特点，禅宗的特点。

讲个公案。元代高峰原妙是著名的禅师，他最初参禅多年一无所得，一天睡觉中醒来忽然想起赵州"万法归一，一归何处"的话头，挑起了他的疑情，七天七夜没睡，茶里饭里，静时闹时都在参。一天随众上堂，看见法堂上有个偈子"百年三万六千日，反复原来是这汉"豁然间一念脱落。开悟了。这就是禅宗的"破本参"。他下来对老师说："你以后不要再用棒子打我了。"老师说："你还没有了。"他说："那你考我嘛。"老师就问他："日间浩浩时作得主么？白天应酬周旋时作得主不？也就是八风吹得动不？"高峰说："作得主。"老师又问："那晚上睡觉做梦时作得主不？"他说："作得主。"——梦里心可以不动了。大家知道，白天理智活动清醒，容易把自己的思想管住，梦里可不同了，白天不敢做的事，梦里往往敢做。白天不动心的，梦里却会动心。所以要知道这两句话的分量。不昧己灵，又能作主是谈何容易。可是他的老师并没有到此为止，在人闻所未闻、想所未想的地方又逼一拶："无梦无想时，主人公又在何处呢？"高峰答不出来了，以后才到天目山去闭关，用了五年的时间才把这个问题解决了。笛卡尔和那些哲学家就没有这上面的功夫，也达不到这样的境界。我们也可以这样问笛卡尔：诚然我思故我在，如果我不思，我不想，这个我又在哪儿呢？以至父母未生我之前，或者烧成了灰之后，这个我还有没有，又在什么地方呢？这里就是"拈花一笑"，就是诸佛的心印。世间各宗各派在这个问题上都不能更进一步，可以说百尺竿头到了顶。但禅宗却要你百尺竿头上更进一步，要你放身舍命。不如此，怎么谈得上更进一步呢？这的确是要命之处，没有如实修行，纸上谈兵哪里能到得了这里。那些口头禅，狂禅，在公案里拣了几句，认为自己悟了，或者在理论上推来推去，认为自己懂了，都是不行的，那是得不到解脱的。

无 相 周 天

善知识，何名般若？般若者，唐言智慧也，一切处所，一切时中，念念不愚，常行智慧，即是般若行。一念愚即般若绝，一念智即般若生。世人愚迷，不见般若，口说般若，心中常愚，常自言我修般若，念念说空，不识真空。般若无形相，智慧心即是，若作如是解，即名般若智。

何名波罗蜜？此是西国语，唐言到彼岸，解义离生灭。著境生灭起，如水有波浪，即名为此岸；离境无生灭，如水常通流，即名为彼岸，故号波罗蜜。

善知识，迷人口念，当念之时，有妄有非；念念若行，是名真性。悟此法者，是般若法；修此行者，是般若行。不修即凡，一念修行，自身等佛。善知识，凡夫即佛，烦恼即菩提。前念迷即凡夫，后念悟即佛；前念著境即烦恼，后念离境即菩提。善知识，摩诃般若波罗蜜，最尊最上最第一，无住无往亦无来，三世诸佛从中出。当用大智慧，打破五蕴烦恼尘劳，如此修行，定成佛道，变三毒为戒定慧。

六祖这里讲的全是真实功夫，并且对口说和实修划清了界线。作为学问研究是可以的，但要以学问解脱则不行。禅宗的修行就是不二法门。你若在二六时中念念执著，念念成

"二"，在善恶是非，有无真幻上钻牛角，就不是般若行。说回来，也不要在外面去找什么修行的方法，就在这些成"二"的念头本身上去参，慢慢就会念念般若。首先你应相信自己，相信万法就是你自己，"二"是你自己，"不二"也是你自己，烦恼是你自己，菩提还是你自己。这一切，都是你自己本来具备的，不是外来的，你还会去分什么主观、客观、善恶、是非呢？这样，你就不会陷在相对之中出不来。这就是般若行。这样久了，烦恼自然会一天天轻，智慧自然会一天天长。真正心中般若现了，就会"念念不愚"了。

结合气功来讲，就不要管什么"大周天"，"小周天"。周天，就是循环不息嘛，没有障碍嘛。你若念念执著，念念都在相对的"二"中，身上的气息怎么能达到畅通无阻呢？那些在这上面毫无所见的人，自称周天通了，岂不是自欺欺人吗？真正通了周天，他的身心性命自有不同常人之处，从道德、智慧、修养来讲，必定达到了更高的层次。以禅宗来讲，我说我们这个是"无相周天"——"无上气功"。要念念般若，念念智慧，念念开花，念念自由，而且念念都是大小周天，这种周天，谁见过呢？希望大家在禅宗上多用功夫，这个法是智慧法，并可以直达智慧之源。这是真实可靠的，望大家努力为之。

波罗蜜是印度音，翻译成中国话就是到彼岸，意思是脱离了生死。此岸是生灭，彼岸是不生不灭。但生灭从何而起呢？佛教认为，你一著境，一落入相对之中，生灭就起来了。如同水里的波浪一样，一波一浪，一起一伏，一生一灭。古人说："仁者爱山，智者爱水。"山是一种静相，喻永恒，而水呢，则是动相，喻变化。一个人的道德应确立不拔，巍然而立。一个人的智慧应无形无相，变化无穷。六祖这里以水的波浪喻生灭，也就是用水的变化来开人的智慧。有些文人爱以浪花自喻，哀叹人生的短暂无常，这就是生灭，就是此岸。但这些浪花、波浪却形成了永流不息的长江大河。把永流不息的无穷无尽的波浪都汇归自己，就是永恒，就是彼岸。六祖说："著境生灭起。"你著在境上，如同一个短暂的波浪一样，怎能不哀叹人生的无常呢？"离境无生灭"，你若放下了，不执著世上的是是非非、利害得失，把烦恼打破了，那就是"如水常通流，即名为彼岸"。要知道此岸就是彼岸，不是离开了此岸而别有什么彼岸，不是离开了一个又一个的波浪而别有一个长江大河。

在这一段中，六祖再一次强调了要心口相应，不要口念而心不行，并开示说："悟此法者，是般若法，修此行者，是般若行。"所以，般若法、般若行并不是什么高不可攀的东西，"念念若行，是名真性"，只要明白了这个道理，就在日常的工作和生活中，在我们的喜怒哀乐中去修、去参、去行，就是这个"真性"，不是如《聊斋》中的那个故事，还需要换头、换心才达得到。所以六祖又说："不修即凡，一念修行，自身等佛。"就这一念，就是我们现在虚灵不昧的这一念，就是我们生活、学习和工作的依据，就是万法的源头。不在这个"一念"上修，或离开这个"一念"去另外修什么，就是"凡"就是外道。你若在这个"一念"上修了，行了，那你就可以"自身等佛"。这里，六祖还在中国佛教中响亮地提出了"凡夫即佛，烦恼即菩提"的主张。这个主张，尽管以前也有人提出过，并在理论上加以推导，但却加了许多前提。只有六祖才如此直截，如此鲜明，并且不附带任何前提。

有和尚问法眼文益禅师："如何是佛？"法眼说："我说出来，恐怕你信不过。"那个和尚说："和尚是大善知识，不打妄语，我怎么会信不过呢？"法眼说："你信得过，那我给你坦白地说，你就是佛。"这个和尚立即就开悟了。前念迷即凡夫，后念悟即佛。一般用功的人，就差这么一点点。

一口吞尽西江水

善知识，我此法门，从一般若生八万四千智慧。何以故？为世人有八万四千尘劳。若无尘劳，智慧常现，不离自性。悟此法者，即是无念，无忆无著，不起诳妄。用自真如性，以智慧观照，于一切法不取不舍，即是见性成佛道。善知识，若欲入甚深法界及般若三昧者，须修般若行，持诵《金刚般若经》即得见性。当知此经功德无量无边，经中分明赞叹，莫能具说。此法门是最上乘，为大智人说，为上根人说。小根小智人闻，心生不信，何以故？譬如天龙下雨于阎浮提，城邑聚落悉皆漂流，如漂草叶；若雨大海，不增不减。若大乘人，若最上乘人,闻说《金刚经》,心开悟解,故知本性自有般若之智。自用智慧,常观照故,不假文字。譬如雨水,不从无有,元是龙能兴致,令一切众生,一切草木,有情无情,悉皆蒙润。百川众流,却入大海,合为一体。众生本性般若之智,亦复如是。善知识,小根之人闻此顿教,犹如草木,根性小者,若被大雨,悉皆自倒,不能增长,小根之人,亦复如是。元有般若之智,与大智人更无差别,因何闻法不自开悟?缘邪见障重,烦恼根深。犹如大云覆盖于日,不得风吹,日光不现。般若之智亦无大小,为一切众生自心迷悟不同。迷心外见,修行觅佛,未悟自性,即是小根。若开悟顿教,不执外修,但于自心常起正见,烦恼尘劳,常不能染,即是见性。善知识,内外不住,来去自由,能除执心,通达无碍,能修此行,与《般若经》本无差别。

这一段文义明白,加上我们上面所作的阐述,大家理解并不困难。在这里需要注意的是,是区别"无念"与前面说的"著空"、"无记空",不能把这两者混为一谈。

烦恼和智慧从本体上来讲是没有差别的,你若能"智慧常现,不离自性",把尘劳转过来就是智慧。用智慧观照一切法空,没有什么可执著的,这样烦恼就失去了依托、这样的境界中自然是无念。要知道,这个无念,里面是活泼泼的,不是空空荡荡什么都没有的顽空,里面是"智慧常现"、"不起诳妄"的。而"著空"、"无记空"本身就是妄念——里面没有智慧，一潭死水，却自认为得了涅槃。

再说一下，六祖这里所说的"无念"，不是百不思、百不想，而是清净常流的一念，"应无所住，而生其心"的一念，没有执著的一念，是"一切即一，一即一切"的一念，是万法之源的一念。不然，悟来悟去，悟成了石头土块，岂不是笑话。所以六祖大师和许多祖师们提持的这个"无念"，是开悟后的一种高级境界，绝不是什么念头都不起了，不用了。没有念头还了得，这个社会文明从哪儿来的呢？三藏十二部从哪里来的呢？八万四千法门从哪儿来的呢？如果都百不思、百不想了，我们还能在这儿聚会吗？

"无念"，才能"于一切法，不取不舍"。它本身就是一切法了，又怎么会取舍呢？正如我们对自己的身体，你是取头呢？还是取脚呢？要眼睛呢？还是要耳朵呢？这是不可能的，这些都是我们自己，用不着你去要，当然也不可能舍。"一切万法不离自性"，自性怎么会对它们取舍呢？一有取舍，便是小道，便陷入了相对之中。明白了这个道理，"如此修行，定成佛道，变三毒为戒定慧"。六祖的法真是太妙了。

六祖这里讲"上根"、"小根"之类的话怎么理解呢？般若自性本无差别，为什么又有迷悟的不同呢？这就需要好好谈一谈了。《法华经》里有个故事，如来要说法了，说法前如来说：我过去讲的法都是对小根小器的人讲的，今天要重开大法。佛说完后，下面就有五百罗汉退席。然后佛又说：那是当然的，他们有他们的根器，只有那么大，给他们少倒点水还可以，若把全部的海水倒给他们，他们就受不了了。讲《法华经》、《金刚经》等大乘经典，就等于把全部海水——佛性给你，你要是见了性的人，那好办，全部海水都可以一口吞尽。唐代庞居士去见马祖，他问什么是佛？马祖说：等你一口吞尽西江水，我就告诉你。许多人对此公案不解，明明问什么是佛，与西江水有什么关系呢？明白了以上的道理，你才会知道祖师们在这上面机锋的所指。

佛教的修行讲究人的根器，因根器的不同，而相应设立种种的法，一般把根器分为上中下三种。禅宗是为上根利器，也就是大智慧人开设的法门，所以六祖说："此法门为最上乘，为大乘人说，为上根人说。"为什么不为小根人说呢？因为"小根、小智人闻，心生不信"。譬如我们对一般人讲，说成佛很不容易，若成了佛，就有三身四智，五眼六通、智慧圆融、神通广大，大家都会羡慕。如果对他说，你就是佛，你的烦恼就是菩提，那就把他吓跑了，谁敢相信呢？这些人一身的烦恼，一肚皮的苦水，连一点小安乐处都没有见过，给他说本来是佛，的确很少有人相信的。

但是必须明白，所谓小根小器也是对众生的一种教育方法。谁愿意承认自己是小根小器呢？一切众生皆有佛性，皆可成佛，在这上面是没有大小高低之分的，一切众生都绝对平等。你相信就是上根大器，小根小器也是大根大器；若不相信就是小根小器，大根大器也是小根小器。所以不能把这一句话看死了，但的确有那么一些人信不过。信不过也没有关系，你可以去修其他的法嘛，佛教里的法多得很，八万四千法门，你挑你认为合适的修就行了。但六祖这里提持禅宗，不得不强调禅宗的特点。

四川的圆悟克勤是宋代的著名禅师，大慧杲参了一辈子的禅，后来在圆悟手下开悟。大慧杲开悟后对圆悟说：开悟真是太难了，以这种尺度来衡量许多师兄弟，我认为他们不像是那么回事啊！你老人家怎么都印可了他们呢！圆悟说：我的禅如大海一样，若用小勺小钵来取，也不能说取的不是海水，但也未必全部都承受了。我倾全部海水给他若能受，他就有海量的根器。这公案的意思与六祖这里的道理相近，要接受大的东西，必须有大的量。人人都有佛性，佛性就是无量，所以不要把自己看得太渺小。另外，一滴水和大海水在质上也是没有区别的，都是水嘛，能在这里转身，大根大器与小根小器还有什么不同呢？大家好好在这上面参上一参。

自己是一本无字天书

善知识，一切修多罗及诸文字。大小二乘、十二部经，皆因人置，因智慧性，方能建立。若无世人，一切万法本不自有，故知万法本自人兴。一切经书，因人说有，缘其人中有愚有智。愚为小人，智为大人。愚者问于智人，智者与愚者说法，愚人忽然悟解心开，即与智人无别。善知识，不悟即佛是众生，一念悟时，众生是佛。故知万法尽在自心，何不从自心中顿见真如本性。《菩萨戒经》云：我本元自性清净，若识自心见性，皆成佛道。《净名经》云：即时豁然，还得本心。善知识，我于忍和尚处，一闻言下便悟，顿见真如本性，是以将此教法流行，令学道者顿悟菩提，各自观心，自见本性。若自不悟，须觅大善知识，解最上乘法者，直示正路，是善知识有大因缘，所谓化导令得见性。一切善法，因善知识能发起故。三世诸佛，十二部经，在人性中本自具有，不能自悟，须求善知识指示方见。若自悟者，不假外求。若一向执谓须他善知识望得解脱者，无有是处。何以故？自心内有知识自悟，若起邪迷，妄念颠倒，外善知识虽有教授，救不可得。若起正真般若观照，一刹那间，妄念俱灭。若识自性，一悟即至佛地。善知识，智慧观照，内外明彻，识自本心。若识本心，即本解脱。若得解脱，即是般若三昧，般若三昧，即是无念。何名无念？知见一切法，心不染著，是为无念。用即遍一切处亦不著一切处。但净本心，使六识出六门，于六尘中无染无杂，来去自由，通用无滞，即是般若三昧，自在解脱，名无念行。若百物不思，当令念绝，即是法缚，即名边见。善知识，悟无念法者，万法尽通，悟无念法者，见诸佛境界，悟无念法者，至佛地位。

修多罗是印度音，就是"经"的意思。六祖这里说一切的佛经，不论大乘小乘，不论在十二种体裁的经中怎样说，都是因为有了众生，才可能建立起来的；如果没有了众生，那么一切万法都失去了作用，何况佛法。因为有了不同根器的众生，佛才分别说了十二门的法。为什么"因智慧性方能建立"呢？一是佛能说，二是众生能听懂——因为众生本具佛性智慧嘛，不然，佛说这些法有什么意义呢？古今一切万法，都是来自人的认识，都是人与环境的矛盾的产物。如果没有人的认识，哪里去找这些法呢？三是因为人世间的众生有那么多的烦恼，陷在生老病死之中不得解脱，佛才相应地说了那么多的法。有一个烦恼，就有一个相应的法，两者是相依互存的，关系是可以转变的。烦恼可以转为菩提，愚人可以转为智者，凡夫可以转为佛。六祖巴不得所有的人都能认识到自己本来就是佛，所以一再把话挑明："不悟佛是众生，一念悟时，众生是佛。故知万法尽在自心，何不以自心顿见真如本性。"

老修行中常有这么一句话：自己就是一本无字的天书，里面什么法都有。但一般人不知道翻自己这本书，老是在外面求秘方、求口诀、求密传。六祖在这里处处强调这点。"若自悟者，不假外求"，"自心内有知识自悟"，所以，一定要认识自己就是一本天书，要在自己身上用功夫。有的人读经读迂了。看到六祖说："不悟佛是众生"就火冒三丈，佛还会迷吗？还会不悟吗？当然佛是不可能迷的，六祖这里用的是反语，让众生增强信心，从而强调了"自性"、"自悟"这一关键问题，把话也说得再明白不过了。但真正要众生悟入也不是容易的，你说祖师们急不急呢？唐代道吾禅师看见老师药山禅师接引两个师弟，其中一个师弟老是上不了手，回答不出，道吾在一旁急得把自己的手指都咬烂了，他在想，这么简单明白的事，你为什么还不能懂呢？你为什么不能在心中顿见真如本性呢？你就是真如，为什么不能直下便是呢？

这里要谈一谈善知识的作用。六祖说："我于忍和尚处，一闻言下便悟，顿见真如本性。"这里五祖是善知识，对六祖的大悟起到了重要的帮助。六祖悟后又干什么呢？是不是到山里去了，到净土里去享福呢？不，地狱不空，誓不成佛，众生还没有得度，怎么能不管呢？悟后的六祖又成了众生的善知识。要知道，大道无私，佛法无私，里面是没有什么秘密而言的。佛法是众生的法。没有众生，哪来的佛法？不度众生，就不是佛法。所以对世间的事，要积极去做，要多为众生着想。有的人关在家中修"报化"，不知为众生做事才是你修报身、化身的根本道场，自私自利的那个心，怎么修得来报化呢？六祖确实是明眼人，他处处为众生着想。对上根的人，六祖希望他们"各自观心，自见本性"，对下根的人，不能自悟的人，六祖希望他们"须觅大善知识，解最上乘法者，直示正路"。所以，一般人能找得到"解最上乘法"的善知识依止，是有大福分的。佛教中常说："人生难得，中土难生，正法难遇"嘛，那解最上乘法者就更难遇到了。"一切善法，因善知识能发起故"，只有善知识才能帮助你把自己本来具有的菩提心发动出来。

这里再强调一下自己的这本无字天书。六祖说："三世诸佛，十二部经在人性中本自具有，不能自悟，须求善知识指示方见。"六祖这里说得再明白不过了，佛都可以从自己这部天书中产生出来啊！可惜一般人不能明白这个道理。但如果遇到了大善知识的开示，便能自见。大家可以反省一下，自己求道的心，求解脱的心，是否迫切而坚决呢？道不远人，而人自远之。我想，如果求道的心迫切，并持之以恒，那么，精诚所至，金石为开，必定会有花开见佛的日子，乃至"一悟即至佛地"。

有人说只有上根利器的人、大知识分子才能学禅宗，下根的人就不能学。其实这是外行话，禅宗是三根普摄，对文化低的人更为适宜。你想，佛教中的其他宗派，如中观、唯识，不知要读多少年的书才入得进去。玄奘大师在印度 16 年，一部《瑜伽师地论》就学了整整 3 年。后来回到长安，介绍"一本十一论"，一本就是《瑜伽师地论》，因为其中的内容太多了，到了后来就有十一种"论"来帮助理解《瑜伽师地论》。要把这十一部论看完，就是大学者们，没有几年的时间，通看一遍都困难。再说《般若经》就有六百多卷，玄奘大师翻译完毕后累得要命，说："唉！我终于把这部经译完了；这部经大概与东方人有缘，总算没有业障，还一口气把文翻译完了。"六百卷，通看一遍要多少年啊！所以中观、唯识才是上根利器之人搞的，他们聪明，记忆力又好，没有文化的人对这些哪里谈得上学呢？禅宗内没有别的，只有一部经，就是你自己，你认得你自己就了事了。这么直截了当，这么简便易行，与有无文化毫无关系。

　　再说一下"无念"。一些修行的人不懂六祖这个"无念"的真意，很久以来，都以为般若三昧就是无念——就是没有任何念头。这种说法误人不浅，禅宗后来的衰微，也与这个错误的理解有关，所以有必要再次申说一下。其实六祖在《坛经》中涉及"无念"的几个地方都是解释明白的，不知那些人为什么会产生那样的误解。我认为，这是因为后人把"无念"两字执著了，不结合佛法作彻底的研究，认为只这两个字就够了，佛法也可以不讲了，祖师们的开示也不必听了；一说用功，就是什么都不要想，因为一想就"有念"嘛。于是经也不看，论也不看，戒律也不管，参话头也只参一个，等等，等等。总之无事可做，无事可言，好事、坏事做不做都一样。这就把一个好端端学佛的人，变成了一个对社会毫无用处的废物，头脑也越来越简单。他们认为，因为"无念"嘛，就是要扫除一切思想内容。须知这种"无念"绝不是六祖大师强调的那个"无念"。当然，在特定的条件下，不思不想对身心的调节也还是有益处的，如一些工作劳累下来，练练气功，扫除杂念，使自己的精神和身体放松，得到较好的休息和恢复是可以的。如果认为这就是道，就什么都可以不干了，什么都不想了，成年累月在那儿空坐，那就大错了。

　　"念"在佛法里有两层意思：一是记忆，即以不忘失为性；二是指系念，即把某件事情放在心上。两者相近而不同，都是精神和思想的重要功能，没有这个功能，思想就没有积累和创造。修行的人，非但要用这个功能，还应把它锻炼得更加有用才行。所以，无念若理解为不思、不想、不忆、不系念，那就危险了。

但六祖大师这里的无念的真解是什么呢？就是六祖紧接着说的"知见一切法，心不染著"、"用即遍一切处，亦不著一切处"。这里有两层含义。一是己灵不昧，神用无滞的感知能动；二是不染不著，不受拘系，超然于相对的自在。也是我们上面谈到的，是清净常流的一念，是"应无所住，而生其心"的一念。若在修行上达到了这种火候，当然就会"万法尽通"，"见诸佛境界"乃至"至佛地位"。大家在修行中，一定要注意里面的尺度。

佛法在世间　不离世间觉

善知识，后代得吾法者，将此顿教法门，于同见同行，发愿受持，如事佛故。终身而不退者，定入圣位。然须传授从上以来默传分付，不得匿其正法。若不同见同行，在别法中，不得传付，损彼前人，究竟无益。恐愚人不解，谤此法门，百劫千生，断佛种性。善知识，吾有一无相颂，各须诵取，在家出家，但依此修。若不自修，惟记吾言，亦无有益。听吾颂曰：

说通及心通，如日处虚空，惟传见性法，出世破邪宗。

法即无顿渐，迷悟有迟疾，只此见性门，愚人不可悉。

说即虽万般，合理还归一，烦恼暗宅中，常须生慧日。

邪来烦恼至，正来烦恼除，邪正俱不用，清净至无余。

菩提本自性，起心即是妄，净心在妄中，但正无三障。

世人若修道，一切尽不妨，常自见己过，与道即相当。

色类自有道，各不相妨恼，离道别觅道，终身不见道。

波波度一生，到头还自懊，欲得见真道，行正即是道。

自若无道心，暗行不见道，若真修道人，不见世间过。

若见他人非，自非却是左，他非我不非，我非自有过。

但自却非心，打除烦恼破，憎爱不关心，长伸两脚卧。

欲拟化他人，自须有方便，勿令彼有疑，即是自性现。

佛法在世间，不离世间觉，离世觅菩提，恰如求兔角。

正见名出世，邪见名世间，邪正尽打却，菩提性宛然。

此颂是顿教，亦名大法船，迷闻经累劫，悟则刹那间。

师复曰："今于大梵寺说此顿教，普愿法界众生言下见法成佛。"时韦使君与官僚道俗闻师所说，无不省悟。一时作礼，皆叹："善哉！何期岭南有佛出世。"

那两年我在文殊院讲《坛经》，基本上是一句一句地讲，尽管时间很充裕，也没有讲完。这一次不行，时间有限，每品每段的主题能有个明白的交待就不错了。在这一大段中，六祖对上面讲的，作了一些总结，并向听众谕示了他的"无相颂"。首先，六祖希望后世弟子得了无上大法的，要与那些"同见同行"的道友们一起"发愿行持"顿教法门，实际上是尊崇事奉你自己。你如果如此修，如此行，就能如《金刚经》

上所说的："若见诸相非相，即见如来。"就会"终身而不退"，"定入圣位"。佛法是无私的，要讲布施的，六祖强调的："然须传授从上以来默传吩咐，不得匿其正法。"——这里会有什么密法舍不得布施给众生呢？

但是，"若不同见同行"，那些认识不一致，又"在别法中"——不是禅宗顿悟法门路上的人，你就不得传授给他，因为他们本不相信，愿意走三大阿僧祇劫的路。你若传给他，自己已认为是邪道，也不会如法修持，反而引起毁谤。有的人更是一身烦恼，开口闭口捡了不少"烦恼即菩提"的话头自欺欺人，以盲引盲似禅非禅。对他们必须和重证悟、重实践的真正禅宗严格区分开来，不能同流合污，败坏宗风。永明寿、莲池大师等提持念佛，就是针对这些禅门败类、伪禅而设立的。这类人不是禅宗的根器，未悟言悟，未证言证，结果烦恼连动都没有动一下，其危害性极大，所以六祖郑重吩咐，对这类人不得传法。

为了方便听众受持，六祖在这里传下来一个"无相颂"，并强调说："各须诵取，在家出家，但依此修。若不自修，惟记吾言，亦无有益。"所以，见了正法，一定要身体力行，万万不要仅仅停留在口头上，那就毫无益处，枉自蹉跎了。这是实践问题，要把禅宗的见地放在实地的修行活动之中。从根本上说，就是要紧紧盯着自己的烦恼。这是修行的起步，烦恼从哪里来，到哪儿去呢？你就参嘛，有一天把烦恼的根子抓住了，你就开悟了。

　　什么是"颂"呢？佛教在传法中，为了让人们学习方便，特别为了记忆方便，经常使用的一种文体就是"颂"。颂与我们汉地的诗歌相近，但没有汉地古诗那样讲究平仄格律。颂有赞颂、赞叹、庄严的含义。我们常说三藏十二部，三藏就是经藏、律藏和论藏。十二部就是十二部文体，颂就是其中的一种文体。颂比经文中的长行精简得多，长行也是十二种文体之一，相当于今天的散文。而其中意思集中，用长诗的句法总摄起来便于传诵的就是颂文。有的经论也有颂文，如著名的《中论》，就全是颂文。在印度32个字算是一个颂。有的如《华严经》本是长行，但里面又有十万偈，十万颂，都是按32字一颂计算的。《华严经》八十卷中的颂文属重颂体，什么是重颂呢？就是前面是长行，后面是颂，也就是前面讲了那么多的道理，为了提醒人们的注意，后面再举颂一遍，把前面的意思强调一下，集中一下，就是重颂。这也是十二部中的一种体裁。《坛经》这一品后面"无相颂"也是重颂，六祖在前面把道理讲了，为了集中强调，重复一下前面讲的，也是为了方便大家记忆诵持，所以交待了这个"无相颂"。

　　在经论和祖师的开示中，我们经常看到有"说通"、"心通"的句子，这两个词，出自于《楞伽经》。该经是唯识宗的根本经典之一，阿赖耶识和唯识学中许多重要的理论在这部经中都有。在大小乘佛经里，谈阿赖耶识的经不多，唯识宗建立阿赖耶识，其主要依据之一就是这部经。要知道，禅宗的开山祖师达摩来中国传法，就是以《楞伽经》印心。达摩到二祖、三祖、四祖，都是以这部经印心的。到了五祖时有一个转变，更重视了《金刚经》，并以《金刚经》印心。

禅宗里有许多语句，不少来自《楞伽经》。我们说禅宗是"宗门"，宗是什么呢？《楞伽经》里就有"说通"、"宗通"。说通就是你说的东西要符合道理，你要度众生，必须先把道理弄通，说出来的不符合逻辑，不符合理智是不行的，别人听不懂，或引起反感都不行。说通有两层意思：一是讲的东西要有道理，要使人能懂；二是讲的要契机，要与众生根器相符合，当深则深，当浅则浅，当直就直，当曲就曲，这样才利于听者的契入，达到"信受行持"的效果。所以要弘法必须说通。

宗通就是心通，就是见性，就是见道。真正的善知识，不仅要说通，更要心通。因为心不仅是在语言文字上进行的，语言文字只是心的全部功能中的表层部分而已，心还有更深、更高层的内容。仅在那里分析观想，不通过"言语道断，心行处灭"而见性、开悟，这个心是通不了的。所以真正的大乘佛法，必然是宗通、说通两者兼备，缺一不可。悟彻宗通的人，没有说不通的，凡是说不通的，就是悟不彻。真正两者都通达了，那就"如日照虚空"，哪里有照不到的地方呢？虚空就是无碍嘛，光明的太阳在无碍的虚空里，还有什么不能照到的呢？

颂子里的内容，前面都讲到了，六祖这个"无相颂"文字也明白，大家可以自看自修，里面有几处我强调一下。"世人若修道，一切尽无妨"。一个人若真正发心修道，一切处都是道场。烦恼来了，正好参，业障来了，正好参，报障来了，仍然正好参。大慧杲对他的学生有段话最好，他说：茶里饭里，静时闹时，公事酬酢时，朋友讲习时，妻儿交头时，无不是用功的好时候。大家想一下，吃茶时有禅，吃饭时就没有了吗？盘脚时有禅，上班时禅就跑了吗？既然是道，那就无处不在，无事不在，无时不在，怎么可能有的地方有，有的地方无呢？大慧杲这段话，真是既高妙，又平实，大家应以此对照，在日用动静中不松手。

另外，"常见自己过，与道即相当"，"若见他人非，自非即是左"，"但自却非心，打除烦恼破"。六祖这一类的话，切不可当劝世文读了，这些都是踏实的功夫。能经常看到自己的错误，本身就是修行，就是道行。孔子喜闻过，曾子三省吾身，与六祖这里所谈的差不多。以世间法来讲，能经常反省自己的，就是圣贤的行为，何况出世间法。那么，这是否就见了般若呢？也不是，但与般若相应。能常检查自己的人，勇于改正错误的人，在执著上就轻，反之，执著就重。不执著，就放得下，能彻底放下，就见性了。这是修行的重要门径，大家一定要知道从这儿下手。

"佛法在世间，不离世间觉。离世觅菩提，恰如求兔角。"这是许多学佛人背得烂熟的话；在六祖许多精辟的语句中，这也是其中的一句。说来容易，真正理解了、实行了的人还是少见啊！佛法从哪儿来的呢？从众生的烦恼而来的嘛，没有众生的烦恼，哪儿来的佛法？若有，又有什么用处呢？所以，佛法就在你的烦恼之中，是离不开你在世间烦恼中的觉悟，你觉悟到世间如幻如化，必然是在世间才能觉悟到，觉悟与世间是不能相离的，没有世间，你又哪儿去求觉悟呢？哪儿去找菩提呢？要知道，从体上讲，菩提和烦恼是没有两样的，千万不要离开了自己的烦恼去求菩提。有人说，佛是不动烦恼的。对，佛的确不动烦恼，但佛懂得烦恼，佛会掌握、运用烦恼。如果说佛无所不能，就是不会用烦恼，那我认为佛就有缺陷，还不完满。既然是完满的，无所不能的，所以对用烦恼也不能排除。烦恼都不会使用，喜怒哀乐都没有了，你说这像什么佛！该喜则喜，该怒则怒，喜怒哀乐的本性就是菩提。佛经上说："菩萨未成佛时，以菩提为烦恼，菩萨成佛时，以烦恼为菩提，何以故？以第一义不二故。"就是这个意思。我们说，浪子回头金不换，没有回头时，胡作非为是张三，回头后，安分守己、助人为乐的还是那个张三。回头做好事的那个力量，就是他以前干坏事的那个力量嘛。所以六祖说"佛法在世间，不离世间觉"，千万不要离开世间，离开自己的烦恼到别处去求什么法。你要在世间觉悟到世间的真相，倒过来世间的一切烦恼都变成了你的妙用，全是菩提了。

如果没有这些喜怒哀乐，佛又用什么来给众生说法呢？用什么方便来接引众生呢？《楞严经》里如来问阿难，阿难答不上来，佛马上就呵斥他。但佛也是要欢喜的，一时幡然，脸笑开了，眉间毫光就出现了，就给众生说种种法门。佛是烦恼学的专家，是烦恼学的大博士，其原因，佛就是从烦恼中钻出来的，深通烦恼，故能明了一切众生的烦恼，也才因之建立了种种降伏烦恼、转烦恼成菩提的法。赵州和尚说："众人被十二时辰使，老僧使得十二时。"意思就是，众生都在子丑寅卯十二时辰中被烦恼牵着鼻子走，而这一切都得听我的使唤。所以"离世觅佛法，恰如求兔角"。走遍天下，哪儿找得到长角的兔子呢？这四句的确太好太妙了，可以说是禅宗的总纲。

有的人一说修行，总想找个清净地方，化募点钱，带点油盐酱醋，要去闭关了。你见那些闭关的有几个成功的？以前有人要住山了，别人会问他有没有住山的本钱，"不是菩萨不坐山，没有开悟不闭关"，闭关是有大本钱才行的，不然，凭什么闭得下来呢？这些人不懂得佛法在世间，只有在世间才能觉悟的道理，也没有半点火候，就去闭关，往往烦恼一来，想老婆了，想酒肉了，想朋友了，想热闹了，结果是闭不了几天。有的人倒有勇气，鼓着精神强撑，结果弄出病来。有些人倒是有"成果"，结果修成了"百不思、百不想"的废人。

什么是"世间"、"出世间"呢？六祖说："正见名出世，邪见名世间。"出世是什么意思呢？不是躲在山上，不食人间烟火，而是要有正见——有了真正的见地，当下就出世了。如果见地不正，甚至还有邪知邪见，不论你修什么法，也不论你躲在哪儿修，都是没有出离世间，所以世间、出世间的差别，就在于你见地上的邪、正，千万不要以为另有一个世界可供你出离的。

到了这里，六祖还怕你在正见上起执著，于是更进一层开示说："正邪俱打却，菩提性宛然。"要知道，真正见了性，就入了不二法门，那时不但邪见不要，正见也不要。有的人到这里害怕了，正见怎么会不要呢？你若未到这一步，正见当然要，但若真的见了性，恰恰是你自心本性全体现前。正见是对邪见而言的，正如东方是对西方而言的，没有东方就没有西方，同样，邪见一经扫除，正见也就无踪无影了。全部《金刚经》讲的也是这个理："法尚应舍，何况非法"。过了河，你还舍不得下船吗？还要把船背在身上行路吗？在这里，我们不妨再加一句：到了这个境界也不要了的时候，才是真正全体现前，才是真正的"菩提性宛然"。

疑问品第三

　　大家知道，禅宗真正兴起是在六祖的时代，也正值盛唐时期，同时也是中国佛学最盛之时。现在存在的天台、唯识、华严、禅宗、密宗、净土等几大宗派，几乎都是在这时期发展和兴盛起来的。特别是三论、天台、唯识、华严这些宗派，都是长于义理，有丰富的哲学内涵。加之当时的朝廷又非常支持，所以得到了极大的发展。

　　要知道，从东汉、特别是从魏晋之后到唐代，印度传来的佛经已基本翻译完毕，中国佛教大师们得以在这个基础上发挥自己的见解，并形成了以上宗派。当时，全中国城乡各地都有讲经的，是义学全盛的时代。这样，自然在佛教中形成一种倾向，倾向于讲道理、做学问，倾向于建立一个个的思想体系，而忽略了实际的修行。说起来头头是道，文字般若满天飞，但与实践的差距就拉大了。

　　禅宗就是在这个时代中兴起的。对当时的情况而言，禅宗对教下的批评就比较多一些，主要的批评就是"说食不饱"——玄之又玄的义理倒做了不少，但实际的修行、证悟在什么地方呢？有没有实在的受用呢？那时的净土宗也是应运而大得发展，并且很有气象。禅宗后起，为了建立自己的系统，势必涉及一系列的问题，对各宗各派也有所评说，从而树立起自己的特色。这样，就必然与各宗各派在观点、方法上有不一致的地方。反过来，其他宗派对禅宗也各有各的看法，所以相互间的争论是很热闹的。如禅宗说自己是教外别传，是灵山拈花后一代一代传下来，最后达摩传到中国的。但其他宗派不承认这点，而各有其传承法统说法。同时，在禅宗开初流行的时候，那些守戒的寺庙甚至不接纳禅宗人物，认为禅宗是不合戒律的。各大宗派对禅宗"不立文字"的说法也不了然。有这么多的麻烦，无怪韦使君在这一品中提出了许多疑问，六祖也相应作了答疑，所以这一品就叫疑问品。

禅宗的系统

一日，韦刺史为师设大会斋，斋讫，刺史请师升座，同官僚士庶肃容再拜。问曰："弟子闻和尚说法，实不可思议，今有少疑，愿大慈悲特为解说。"师曰："有疑即问，吾当为说。"韦公曰："和尚所说，可不是达摩大师宗旨乎？"师曰："是。"公曰："弟子闻达摩初化梁武帝，帝问云：'朕一生造寺度僧，布施设斋，有何功德？'达摩言：'实无功德'，弟子未达此理，愿和尚为说。"师曰："实无功德，勿疑先圣之言。武帝心邪，不知正法，造寺度僧，布施设斋，名为求福。不可将福便为功德，功德在法身中，不在修福。"师又曰："见性是功，平等是德；念念无滞，常见本性，真实妙用，名为功德。内心谦下是功，外行于礼是德；自性建立万法是功，心体离念是德；不离自性是功，应用无染是德。若觅功德法身，但依此作，是真功德。若修功德之人，心即不轻，常行普敬。心常轻人，吾我不断，即自无功；自性虚妄不实，即自无德。为吾我自大，常轻一切故。善知识，念念无间是功，心行平直是德；自修性是功，自修身是德。善知识，功德须自性内见，不是布施供养之所求也。是以福德与功德别，武帝不识真理，非我祖师有过。"

梁武帝大家知道，他是中国历史上最著名的护持佛教的皇帝。他在位50年，到处修建寺庙，剃度僧人，翻译和流通经典，为当时佛教的兴盛做了很大的贡献。他自己还几次出家为僧，愿意在寺庙里当小沙弥，为寺庙做事，但都被宫廷和政府出钱把他赎回来。梁武帝是一个虔诚的佛教徒，生活也很清苦，但真正说来，他却不懂佛法，对世间法也不很精通，所以后来弄得家破人亡，被侯景困在宫里活活饿死。梁武帝的故事，后来成为外面、特别是儒家攻击佛教的重大口实，说这是佛法的过错。这个论断是不科学的，现在世界到处乱哄哄的，这儿有原子弹，那儿有污染，许多国家有战争，如果把这些归罪于科学的发展，试问，这到底是科学的过错还是世间烦恼的过错呢？这一点是要严格区分开来的。所以只重视物质文明的建设，不重视精神文明的建设是不行的，是会出大问题的。一些人看到科学是杀人的利器，为什么看不到科学济世之益呢？
医院里那么多的病人是科学救出来的嘛！现在人口爆炸，不是
绿色革命，使粮食生产翻了几番，地球 50 亿人怎么吃饭？所
以，不论对科学，对佛法都要看你以什么态度来对待，若以烦
恼心来搞，什么好事都全变成坏事的。

梁武帝晚年昏聩。与佛法有什么关系呢？并且达摩和六祖
就认为他根本不懂佛法，六祖对梁武帝更有直接和深刻的
批评。

关于功德，中国历史上那么多信佛的人都没有弄清楚过，
现在国家落实了宗教政策，开放了寺庙；到寺庙敬香拜佛的人
越来越多，许多人都是为了做"功德"，也就是求福报。对什
么是功德，一般人心里是糊涂的。这里六祖大师对功德的内容
说得极为明白，我们共同来学习，认真弄清楚佛教里的功德是
怎么回事。

六祖明确指出："不可将福德便为功德。"这里六祖在功
德和福德之间划开了一条线。"功德在法身中"，法身修成
了，才算有了功德。这与一般庸俗的理解有极大的不同。要知
道，与成佛有关的才能称为功德。为什么呢？功德是方便你成
佛的，是方便你解脱生死的，决不能庸俗地理解为修福。

六祖有六祖的系统，这个系统不等于世间学说的系统，又
不同于佛教内其他宗派所建立的系统。六祖，也就是禅宗的系
统是：要在自己的本性、内心中见道，以道为纲并范围万法、
创造万法，这才是真正的系统。你看六祖在这里对功德的反复

说明，都是回归在自己的真实见地上，并且不离分毫，也不往别处说，这才是真正的大师。若要花言巧语、绕起弯子说，就不是菩萨心肠，也是没有见道。

如果我们过滤了精神中种种不实在的东西，清纯的自性就会现前。六祖对功德的解释，是从自己内心之中发出来的，不是做学问做出来的，所以不论怎么说，都滴滴归源。所以你看怎样才能成佛呢？——见性。怎样才能得到无上的佛法呢？——见性。什么是功德呢？——见性。一切一切，总不离明心见性，一切一切，都要回归这里。学佛的人不在这里下功夫，不论求这学那，终归是虚幻不实的，如同梁武帝一样。若论修福，你这些老百姓，就是那些达官贵人，还能与梁武帝相比吗？与人为善是好事，佛教强调布施波罗蜜，布施是求功德的，但千万注意《金刚经》所说的："佛说第一波罗蜜，即非第一波罗蜜，是名第一波罗蜜。"你做功德，千万不要执著，做就行了，更不要企图回报，这样才与波罗蜜相应。若执著了，企图回报，那么你所得的福德也可怜得很，更与功德不相应。所以，我们今天说一切功德，都应回向法身，不要回向下一辈子如何如何。学佛的人，特别是学禅宗的人，千万不要搞那类事情。志向一定要立得大，目标要紧紧盯着解脱和成佛才行。若说下一辈子，怎么了得尽呢？那是没有个完的。只有求得当下解脱，才能一了百了，彻底脱手。所以要认真体会六祖这一段中对功德所作的解释。

念 佛 禅 观

刺史又问曰:"弟子常见僧俗念阿弥陀佛,愿生西方,请和尚说,得生彼否?愿为破疑。"师言:"使君善听,慧能与说。世尊在舍卫城中,说西方引化经文,分明去此不远。若论相说里数,有十万八千,即身中十恶八邪,便是说远。说远为其下根,说近为其上智。人有两种,法无两般,迷悟有殊,见有迟疾。迷人念佛求生于彼,悟人自净其心。所以佛言:随其心净,即佛土净。使君东方人,但心净即无罪;虽西方人,心不净,亦有愆。东方人造罪,念佛求生西方,西方人造罪,念佛求生何国?凡愚不了自性,不识身中净土,愿东愿西,悟人在处一般。所以佛言:随所住处恒安乐。使君心地但无不善,西方去此不遥;若怀不善之心,念佛往生难到。今劝善知识,先除十恶,即行十万,后除八邪,乃过八千。念念见性,常行平直,到如弹指,便睹弥陀。使君但行十善,何须更愿往生?不断十恶之心,何佛即来迎请?若悟无生顿法,见西方只在刹那;不悟念佛求生,路遥如何得达。慧能与诸人移西方于刹那间,目前便见,各愿见否?"众皆顶礼云:"若此处见,何须更愿往生,愿和尚慈悲,便现西方,普令得见。"

师言:"大众,世人自色身是城,眼耳鼻舌是门。外有五门,内有意门。心是地,性是王,王居心地上,性在王在,性去王无,性在身心存,性去身心坏,佛向性中作,莫向身外求。

自性迷即是众生，自性觉即是佛；慈悲即是观音，喜舍名为势至，能净即释迦，平直即弥陀；人我是须弥，邪心是海水，烦恼是波浪，毒害是恶龙，虚妄是鬼神，尘劳是鱼鳖，贪嗔是地狱，愚痴是畜生。善知识，常行十善，天堂便至，除人我，须弥倒；去邪心，海水竭；烦恼无，波浪灭；毒害忘，鱼龙绝。自心地上觉性如来，放大光明，外照六门清净，能破六欲诸天；自性内照，三毒即除，地狱等罪，一时消灭。内外明彻，不异西方。不作此修，如何到彼？"大众闻说，了然见性，悉皆礼拜，俱叹善哉！唱言："普愿法界众生，闻者一时悟解。"师言："善知识，若欲修行，在家亦得，不由在寺。在家能行，如东方人心善；在寺不修，如西方人心恶。但心清净，即是自性西方。"

从《疑问品》这一段文字中可以看到，当时的净土法门可以说是家喻户晓，包括偏远的岭南。所以韦使君提出了这样的问题，六祖大师对此作了精辟的回答。一般修净土的人，听到六祖这一段谈话心里会有些不自在，但我希望他们能好好看看《坛经》，了解一下净土与禅宗到底有没有关系。

一般单纯修持禅宗的人，往往依据《坛经》的这一段文字来呵斥净土，而古代祖师也常常有这样类似的呵斥。但禅宗内也有相当一些有影响的大禅师提倡净土，如宋初永明寿禅师在《宗镜录》里就说六祖只具一只眼。为什么说只具一只眼呢？他认为六祖没有看到净土的好处。这是需要抉择的重大问题。有的人说，要禅净双修，一面参禅，一面念佛，三百多年来丛林里大多都是这样。有的人说，你念佛就念佛，不要在那儿搞双修，小心把你去西方的事耽搁了。还有一些人说，净土是一种没出息的办法，只知道靠着阿弥陀佛，自己没有半点英雄气概。有的人还说，一切都靠阿弥陀佛，那与天主教、基督教、伊斯兰教念上帝、念真主有什么区别呢？极乐世界与天堂又有什么区别呢？这样的佛教又与那些宗教有什么区别呢？

这样说来说去麻烦太多了，一是修净土的人不愿意听，认为这是禅宗或外道在捣鬼；另一方面会使一些修净土的人产生怀疑。人家念佛念得好好的，你在那儿说东说西，出了问题是要承担因果责任的。这里有没有问题呢？不要怕，佛法是智慧之法，不怕有问题，越有问题，才越需要智慧来加以解决，这样才能断你的疑，才能产生坚固的信心。到了这里，许多禅师是慎重的，不愿随便说的，就是怕引起种种的麻烦。

如果仅从表面上看，禅宗与净土的主张是不一样，但我们在这儿讲《坛经》，讲禅宗，要有个抉择，禅净间共同之处就还他共同，不同之处就还他不同。如果非得把禅宗、净土说成一样，那佛教内又何必分那么多的宗派呢？虽然不一样，它们却同样都是佛法。所以要知道，既然成立了一个宗派，就必然有它自己的特色，既各有特色，彼此间自然就有不同之处。但不论有多大的差异，它们都是佛法，都是为了帮助众生解脱的。所以不能随便、简单地说谁好谁不好，这个结论不能下。这里有必要给大家谈谈有关净土的知识，后面看六祖大师所讲的，大家就能有所取舍了。

什么是净土呢？净，简单说来就是干净，有三个方面的内容。第一是依报净，那个世界环境是非常美好的，净洁的，不像我们这里到处有污染。第二是共业净，那里的众生们全是干净的，没有我们这个世界政治的、经济的、文化的、民族的等各方面的矛盾是非。第三，别业净，那里每一个众生的业行都是干净的，从生理到心理都是干净的。而我们这个娑婆世界则是三不净，或者叫做五浊恶世，处处都与净土相反。

佛教认为，每一个佛都有他的净土，不要误会只有阿弥陀佛才有净土。道理是正报要转，你这里成佛了，你的环境就会变为净土，所以有无量的佛，就有无量的净土。净土有两种：一是诸佛的自受用净土，即佛自己享受的净土；二是应化净土，那是为众生而设立的。自受用净土又叫常寂光土。常就是不变，寂就是安宁，光是指智慧光明。这个净土是与佛的法身分不开的。从佛这一边说，就是佛的法身，从佛的受用而言，就是常寂光土。这个净土，不说众生，菩萨也进不去，根本烦恼没有断是到不了常寂光土的。而应化净土是佛为了众生，用愿力和通力设立的。若以净土为宗，我们要去的净土，就是佛的应化净土。

应化净土则因诸佛的愿力不同而有差别，但只要你发愿，就可能往生。佛教的经教里介绍说，西方有阿弥陀佛，东方则有阿閦毗佛，又叫不动如来，他的净土叫妙喜世界，也是为众生设立的净土。这个净土往生的条件与阿弥陀佛要求的不一样。这里提一下，往生并不等于就了了生死，要了生死，非见道，非断烦恼不可，不然这个生死是了不了的，就是到了净土，你还得继续修行，只不过环境变好了。

还有一点，就是要把念佛和称名区别开来，一般人把念佛号当作念佛，不是的，这只是称名而已，就是称持阿弥陀佛的名号。什么是念呢？念是不忘，念是念佛的种种功德，念是念佛不可思议的力量和智慧，而我们则是要学习这一切。所以念佛是要在心里不要忘记佛，要使自己身语意三业的活动与佛相应，这才是念佛的本意。大家把净土的有关经论好好看一看，就知道怎样才是真正的念佛了。

西方极乐世界大家是熟悉的，现在给大家介绍另外几个净土。有部经叫《阿閦佛园经》，介绍说，东方有净土名妙喜世界，其佛名阿閦毗佛，他也发了愿，欢迎众生往生。在西藏密宗经典里，阿閦毗佛属于金刚部，阿弥陀佛属于莲花部。阿閦毗佛对往生的条件是，第一要证空性，这就与《弥陀经》要求的重点不一样，《弥陀经》的重点是要你多做善事，多做饶益众生的事作为往生的资粮。而阿閦毗佛则要求你多修戒定慧，要证无生法忍，不能证无生法忍，也得证空性，不能证空性，你能有所解悟都行，这就是往生的资粮。这里我认为，六祖大师之所以强调在心上用功，在解脱上用功，可不是与净土离得多远，依不动如来的条件来看，六祖大师早就到了阿閦毗佛的净土了，他在这儿已经见了道嘛，往生的资粮是足够的。所以不一定你要念他，只要你这边证了空性，阿閦佛国那边就为你准备好了莲座。

东方还有一个净土就是药师佛的净土，《药师经》就是介绍这个净土的。《药师经》又名《消灾延寿经》，你如法修行，既可让你消灾，又可使你延寿。这与西方极乐世界有什么不同呢？西方净土重点在人临终时的归宿，你这辈子完结了，该往哪儿去呢？阿弥陀佛愿意在他那儿接纳你。药师佛则不然，他是让你有现前的受用。就算你最后有个西方世界作为归宿，但你现在的病苦怎么办呢？所以药师佛发了十二大愿，就是要让人们在现实中有种种的受用。阿弥陀佛是让人善其死，药师佛是让人善其生。药师佛也有他的净土，你念药师佛，他也会接纳你，但却又注重现在，让你在人间也生活得好好的。这两者的趋向不同，但都属净土的范围，因为都是要仰仗佛力而解脱。

另外，往生净土还有一种，就是发愿上升兜率，到兜率内院。佛的经教说，兜率天是第四层天。佛教把天分为好几层，第一层就是四天王天；第二层是忉利天，也就是三十三天；第三层叫焰摩天；第四层就是兜率天。兜率天内有个内院，是一个很特殊的地方，那是弥勒菩萨居住的地方。兜率内院也算是净土，我国历史上许多著名的高僧，如东晋的道安法师，唐朝的玄奘法师，现代的虚云法师都是往生兜率内院的。为什么兜率天内也有净土呢？我认为，菩萨是不能舍弃众生的，西方极乐世界等诸佛净土离我们这儿实在太远了。以阿弥陀佛的西方净土而言，就有十万亿佛土。一个佛土有多大呢？一个佛土就是一个大千世界，这可不是小小地球可以相比的，起码相当于一个银河系。这样的佛土要经过十万亿，才能到达西方极乐世界。既然有那么远，所以西方极乐世界不在我们这个世界里，而兜率天则在我们这个世界里，不过在人间头上的第四层天上。

弥勒菩萨为什么要住在兜率天呢？因为他是释迦牟尼佛的接班人，他是下一世的佛，因此不会舍弃需他领导的这个世界。在中国历史上，那些发愿往生兜率内院的大师，都是悲心很重的，能荷担如来家业，难行能行、难忍能忍的大角色，他们也不愿舍弃这个世界的众生。有部经叫《弥勒上升经》，讲弥勒菩萨如何到兜率天的。还有部经叫《弥勒下生经》，讲弥勒菩萨如何来临世间的。发愿往生兜率内院，就是与弥勒菩萨结缘，也就是准备以后帮助弥勒菩萨度化众生，并一起成佛。这也是一种净土思想，而且是要把我们这个世界改造成为净土的。但我们这个未来的应化净土的众生就复杂多了。五浊世界嘛，对佛菩萨来说，改造娑婆世界成为净土是一项艰巨的任务。

往生到底有没有凭据呢？如往生西方，念佛到底能不能往生呢？首先就得估计自己的力量行不行。有部经叫《般舟三昧经》，就是指导人们用净土的思想，用念佛的方法使你现前得定，在定中可以看见西方三圣。我们凡愚之处就在于妄心太重，心灵是难得明明历历的。现在一些对气功有些深入的人都知道，调身容易，调息也不难，难就难在调心。功夫用到调心的时候，念头往往收拾不住。般舟三昧就是帮助你解决调心问题的，相当于我们现在说的闭关，就是闭关念佛，里面有种种方法，就不多说了。总之就是以闭关的办法来念佛，来专修，或七天，或四十九天，在印度叫"小七"、"大七"。打七并不是我们中国创立的，在印度先就有的，佛经里明文规定，在这一时期你就得专修般若三昧，要念佛的功德，佛的像好，佛的种种一切，把自己的心全放在这上面。念到最后，一切杂念息了，万念归于一念，精神也就专一了，稳定了，不可思议的力量就来了。要知道，不可思议的力量是每个人都具备的，而且就在各人自己的心中。这个力量出现后，就在现在，阿弥陀佛就会出现，见了一个阿弥陀佛，等于见了千万亿的佛，而且你也决定可以往生。

修净土的朋友若有方便，可以找个清净地方，结几个道伴相互护持，专门修几天，照着《般舟三昧经》所指示的方法去修。这样修不是散修，闲杂事情一定要丢开，要使大家的精力集中，以期定中见佛。要知道，一个人一心不乱都不易达到，要定中见佛就更难了。但你若能精诚专致，虽不能定中见佛，也可以梦中见佛，这样功夫就可以逐渐生根了。虽不敢说绝对往生，但总多了几分把握。依佛经讲，一个人临命终时，那恍恍惚惚的情况与做梦时差不多。你若能在梦中念佛、见佛，那么临命终时就可以保持念头不失。

憨山大师晚年说，现在有很多人念佛感到不得力，虽是易行道，但也并非每个人都能得到受用。所以念佛是念佛，仍然要守戒、修定、修慧，闻思修，六度万行要配齐才行，单凭一句念佛是不行的。道理很简单，就在于念佛看是不是用"心"在念，若用"心"在念，那么戒定慧、六度万行必然都在其中了。大家可以做个试验，你看你在喜怒哀乐之中，在日用动静之中，自己回光返照，念一句阿弥陀佛效果如何？在矛盾是非，利害得失等关头，一句阿弥陀佛下来，能否把那些偷心打掉，能否使自己气象祥和。这些都是检验功夫的基本方法。那些功夫上手的人，一句阿弥陀佛，如同紧靠须弥山，自己在万事万物之中就作得了主。你若达到这样的功夫，往生与否，想都可以不用想了。阿弥陀佛不接你又接谁呢？若你现在的事都没有把握，没有力量，也作不了主，那么临命终时往生的可靠性就不那么大。总之，至少要做到一心不乱。为了把六祖大师的开示弄清楚，上面把净土的情况介绍一下是有必要的。

六祖大师是提持禅宗的，他当然应当强调禅宗；他谈净土，并没有反对净土，只不过是把净土纳入禅宗的认识上来讲。再如后面六祖讲戒定慧，都是纳入了禅宗的认识，这是宗风使然。以戒定慧言，教下各宗都是先戒次定次慧。在六祖那里就成了先慧而后戒定。深一层说，戒定慧都是一样的，没有什么先后之分。并不是六祖故意这样讲，禅宗的法就是这样，不二法门就是这样，离开了这种方法，就不是禅宗了，认识到了，即定即慧即戒，这样对开悟来说，就方便得多。你若要先戒后定后慧，当然可以，同样是佛教的方法嘛，你若要修禅宗，就非得定慧等持。所以唐代有人问药山禅师如何是戒定慧，药山说老僧这里无此闲家具。戒定慧是互体而通的，你一个就不能了，还来问三个，这对开悟是有障碍的。再如有人问赵州和尚如何是佛，赵州的回答也很干脆，他说，老僧这里只有本分草料。你是驴是马，该吃什么草就吃什么草。若问三藏十二部，经有经师，论有论师，你问他们好了。赵州也并非排斥教下，他这里只卖禅宗这一味药。佛教内各宗各派都是根据不同根器的众生而设立的，千万不能认为六祖在排斥其他宗派。六祖这里不提持这一着，禅宗的宗风又如何建立得起？许多人看《五灯会元》看不懂，当然看不懂，隔行如隔山嘛！你用念佛的方法，或用其他宗派的方法来理解禅宗，当然看不懂。但一旦你懂了，你就会感到祖师们说的，无论是天一句，地一句，种种奇谈怪论，全都在禅宗的本分事上，全都丝丝入扣，刀刀见血，还会不由自主地鼓之舞之。所以要知道，六祖这里名为说净土，实际上是在谈禅宗。《坛经》里的一切地方，都是在说禅宗，一切都会归到这一点上，所以千万不要在这上面有所怀疑。

话说回来，真正修净土的人，就应好好去修，不要听禅宗一说心里就怕了。你一心一意地修，见佛那天，说不定就是开悟的那天。并不是念佛就不能开悟，若能定中见佛，离开悟还会有多远呢？同样，修禅宗的人也不要怕人说，正报一转依报也会转，这边一开悟，那边就是常寂光土。对有些事情，禅宗的看法是反的，到了你真正感到一点抓拿、依傍之处都没有的时候，千万不要害怕，那恰是最好最妙境界快来的时候；你若还有所抓拿，有所依傍，就与开悟隔了十万八千里。当你感到内也靠不住，外也靠不住，佛也靠不住的时候，仍然敢笔直走下去，见法身就快了。

云门大师有三句，头一句是：见山河大地无丝毫过患，犹是转句——山河大地，万事万物都与自己谐和无碍了，但这仅仅是修行中初步转身；第二句是：眼前不见一物，始是半提——什么都没有了，万法皆空。但见了空性不要以为了事，修行仅到了一半。所以还有第三句：须知有向上全提时节——全提，就不仅正报转了，依报也转了，什么都转了。你成佛了，你的环境还不成为净土吗？不然全提个什么？

上面提到这些，在佛经里都是有根据的，如《文殊菩萨所说般若波罗蜜多经》上就说，只要证了无生法忍，必然就会有净土。这部经是禅宗祖师们提倡过的，四祖大师就是叫人以这部经来修。所以不要一提禅宗就以为不要文字了，禅宗恰恰是从佛的经教中产生出来的，你若把《文殊菩萨所说般若波罗蜜多经》看完，里面说的比禅宗祖师们说的还吓人，而禅宗祖师们的提持，也没有超过这部经的。如佛问文殊：如来得了阿耨多罗三藐三菩提吗？文殊说：如来没有得。佛问：那么如来没有得到阿耨多罗三藐三菩提吗？文殊说：也不是这种说法。里面层层剥剔。如佛问：你见到如来吗？文殊说：我见到了。佛问：你是怎样见到的呢？文殊说：我在无相中见到的。佛问：无相中为什么能见如来呢？文殊说：无相就是如来嘛。佛又问：你得到无碍智慧吗？文殊说：我本身就是无碍智慧，还需要另外去求吗？再如佛问：你看到戒律的道理吗？文殊说：看到了。佛问：那戒律的道理在哪儿呢？文殊说：非有相，非无相，非有见，非无见，一切都不是，才是真正的戒。你如果把这些经都读通了，你才会知道释迦佛的用心，也才知道各宗各派的方便了。所以，真正佛所说的净土，并不是一般人所理解的那样；真正的禅宗，也不是一般人所理解的那样。这些都是要通过艰巨如法的修行，在修行的实践中，才能得到其中的真味，也才能得到正确的认识。那些以讹传讹的说法，不知把多少人弄得颠倒恐惧。以上所讲的这些，望大家能深一层地研究。

六祖大师在《坛经》中有关净土的开示，与其说是批评念佛，不如说是提持禅宗，也就是用禅宗的方法，达到和超过念佛法门所希望达到的目的。六祖这一段开示，就是要你自己相信自己，自己认识自己，天下有比这个更可靠，更实在的吗？先不要谈到西方，你现在到底在哪儿呢？这是可以讲道理的，也是可以直接体验的。若问死了以后有没有呢？禅宗的回答是现在的你有没有呢？若说有，一会儿你欢喜了，一会儿你恼怒了，一会儿你很健康，一会儿又躺在医院里了，等等等等，从小到老，那么多模样，到底哪个是你呢？说了解自己吗？三天不吃饭，一点精神也没有；这口饭进了肚皮，以后的种种变化你管得着吗？想漂亮，却长得丑；想长高，却长得矮；想发财，却一辈子穷。把这些账一算，多现实哪！我认为，只要认识了自己，西方世界有没有，三明六通有没有等一切问题都可以解决，这就是六祖的法门，这就是禅宗的入手处。"凡愚不了自性，不识身中净土，愿东愿西；悟人在处一般，所以佛言随听住处恒安乐"、"随其心净即佛土净"，这就是六祖的总纲，六祖说净土的一切，都可以归结到这一点上来，全部佛经也可以说归结在这一点上。所以说："但心清净，即是自性西方。"

在家一样可以修行

韦公又问："在家如何修行？愿为教授。"师言："吾与大众说无相颂，但依此修，常与吾同处无别；若不作此修，剃发出家，于道何益？"颂曰：

心平何劳持戒，行直何用修禅。

恩则孝养父母，义则上下相怜。

让则尊卑和睦，忍则众恶无喧。

若能钻木取火，淤泥定生红莲。

苦口的是良药，逆耳必是忠言。

改过必生智慧，护短心内非贤。

日用常行饶益，成道非由施钱。

菩提只向心觅，何劳向外求玄。

听说依此修行，天堂只在目前。

师复曰："善知识，总须依偈修行，见取自性，直成佛道。法不相待，众人且散，吾归曹溪。众若有疑，却来相问。"时刺史官僚，在会善男信女，各得开悟，信受奉行。

　　《坛经》的这一段也很重要，六祖从另一个侧面，给我们开示了修行的大法，也为我们破除了修行中的一种成见。很多人认为要修行就必须出家，不出家，就说不上修行，或者成就不了。这似乎很有道理，但仔细一想，问题就来了。佛说一切众生都有佛性，都可以成佛，没有说过出家人才有佛性，才能成佛，在家人就没有佛性，不可以成佛之类的话嘛。涅槃会的屠夫、龙女都是在家人，他们不都成佛了吗？维摩居士也是在家人，他的成就不是与佛一样吗？所以出家只是修行的一种方式，当然是特殊的、专业化的方式，也是殊胜的方式，但不是唯一的方式。所以说修行也并不一定非出家不可，不然，我们大家，世界上那么多的众生，都没有修行的分了，那怎么行。都出家了，那社会怎么办，生产谁来搞，人类怎么延续？那是绝不可能的，当然，人类中一部分优秀分子出家是必须的，重要的，是应有一部分的出家专业修行，专职住持寺庙，住持佛法。所以出家信众和在家信众如同佛法的两条腿，缺一不可。所以六祖说："若欲修行，在家亦得，不由在寺。"而这里的无相颂，更是专门说给在家人修持的。依照这个无相颂修行，你的家庭、单位、生活和工作都会处理得和谐，有了安宁的心理和环境，再在明心见性上很下功夫，那么，你是能够有所成就的。

定慧品第四

把浩瀚的佛法简要地归纳为戒定慧三学，是中国僧人的一大贡献，因为印度的佛法实在太多太繁，往往使人摸不着头脑。中国人的传统之一就是喜欢简易直截，所以，通过不知多少代高僧的摸索，终于把浩如烟海的佛法归纳成为这么三条纲领，一般人学修时就容易掌握了。在天台宗那里，更精炼为止观，止是定，观是慧。而禅宗呢？则只谈明心见性这一着，不论涉及佛教的哪一个领域，禅宗都是这么一着。这里六祖讲《定慧品》，仍然是如此，从这里可以看到禅宗极大的灵活性、随机性，都是要把你朝自己的心性上引。下面看六祖大师怎么讲。

内外一如的方法

师示众云：善知识，我此法门，以定慧为本，大众勿迷，言定慧别，定慧一体，不是二。定是慧体，慧是定用。即慧之时定在慧，即定之时慧在定。若识此义，即是定慧等学。诸学道人，莫言先定发慧，先慧发定，各别。作此见者，法有二相。口说善语，心中不善，空有定慧，定慧不等。若心口俱善，内外一如，定慧即等。自悟修行，不在于诤，若诤先后，即同迷人。不断胜负，却增我法，不离四相。善知识，定慧犹如何等？犹如灯光，有灯即光，无灯即暗；灯是光之体，光是灯之用。名虽有二，体本同一。此定慧法，亦复如是。

禅宗讲明心见性；一切万法不离自性，戒也是这个，定也是这个，慧也是这个；世间是这个，出世间也是这个。把一切法的界限打破，明明白白指出这个来的，是禅宗，是从禅宗开始的，佛教其他各宗各派都没有做到这一点。这一点，就是不二法门的精义，而且就在你自己身上，就在你的自性之中，不需要别处去找。你看，在家出家不二，戒定慧不二，内在的身心、外在的世界不二，西方净土、东方秽土不二，烦恼菩提不二，生死不二，等等等等，一切回归不二。这样，你要解脱，你要成佛，中间就没有那条不可逾越的鸿沟了。这一点，不是禅宗故意指出来的，佛法的真理就是如此。若以教下来讲，戒是戒，定是定，慧是慧，各有各的一整套学习和修持的方法，到了一定的阶段，才由戒生定，又由定生慧。禅宗不这么讲，既然一切万法不离自性，不离自己，那么谁在修戒、修定、修慧呢？禅宗认为，戒就是定，戒就是你；定就是戒，定也是你；定就是慧，慧还是你。根据这个道理，禅宗还认为，教下讲的由戒生定，由定生慧是对的，那也并非只此一路，还可以由慧生定，由慧生戒嘛。一个人若经开悟，有了智慧，那个心就不动了，心不动，就是定，不动心，就能守戒。譬如知道狗屎吃不得，是慧；不论别人怎样吹嘘狗屎好吃，我不动心，不上当，就是定；没有像别人那样吃狗屎，并且永远不吃就是戒。

一般人把定讲得太远，太玄了，总与自己不挨边。有的人学问很好，讲戒定慧一整套，居士戒、沙弥戒、比丘戒、比丘尼戒、菩萨戒他全懂。说定，四禅八定讲得头头是道。说慧，三身四智，一切智，一切种智等等都会谈。但在生活中却把持不住，烦恼多得很，他自己也明白，于是想修定来改变自己，但是不行，一坐下来就打妄想，弄得自己苦恼不堪。这就是与戒定慧隔了一层，而且越走越远。要知道，生活中就是戒定慧的道场，永嘉大师说："行亦禅，坐亦禅，语默动静体安然。"这里戒定慧全有。永嘉大师还说："不求真，不断妄，了知二法空无相。无相无空无不空，即是如来真实相。"这就是禅宗的方法与境界。你若把你自己忘了，把戒定慧当作学问，当作知识，当作自己以外的东西来把握它，或者用它来改造你自己，这就走了弯路，往往也不易得力。若知道戒定慧就是自己、就是自性的功用，其中就有戒、有定、有慧，那么障碍和鸿沟都无影无踪了。生活中的一切无不在戒定慧之中，所以才有那种洒脱自如的境界。所以我常说，有的人双脚一盘时有定，双脚一放时定就没有了；白天人众之中知道守戒，无人之处心就动了，晚上做梦时就管不了许多了；打开经书时有慧，面对自己的烦恼时慧就不知跑到哪里去了。所以六祖说：

"内外一如，定慧即等"，"名虽有二，体本同一"。

不怕吃亏和直心是道场

师示众云："善知识，一行三昧者，于一切处行住坐卧，常行一直心是也。《净名经》云：直心是道场，直心是净土。莫心行谄曲，口但说直，口说一行三昧，不行直心。但行直心，于一切法勿有执著。迷人著法相，执一行三昧，直言常坐不动，妄不起心，即是一行三昧。作此解者，即同无情，却是障道因缘。善知识，道须通流，何以却滞？心不住法，道即通流，心若住法，名为自缚。若言常坐不动是，只如舍利弗宴坐林中，却被维摩诘诃。善知识，又有人教坐，看心观静，不动不起。从此置功，迷人不会，便执成颠。如此者众，如是相教，故知大错。

什么是"一行三昧呢"？三昧是印度音，翻译成汉文就是等持，也就是定；一行就是专一的行为。总的意思就是指在行为上得了定，在一种修持方法上得了定，就叫一行三昧。也就是说，你只认准某件事情做，不再做其他的事，并能够坚持下去，那么你在这个事情上就算是有了定力。所以，你要得定么，就要专心致志地做那个事情，就要"一行"，能做到"一行"，就必定得定。二六时中，行住坐卧，念念都在这个事情上，从因上来讲，就是功夫，从果上来讲，就是定，这就是禅宗讲的一行三昧。

前面我们曾谈到《文殊菩萨所说般若波罗蜜多经》，在这部经里，释迦佛问的全是不二，文殊菩萨答的也全是不二，你把这部经读完了，才知道禅宗哪里是什么教外别传，而是教内嫡传，是释迦佛的真传。自四祖道信大师以后，很少有研究这部经的，这经不过几千字，对不二法门的谈论，的确太高妙了，有些地方比《金刚经》还要彻底。本来佛的法，不能说这高那低的，若从各部经的作用来讲，与受持人的因缘来讲，则各有不同。我读《文殊般若》是得了好处的，这部经里就讲的有一行三昧；你们要想得般若波罗蜜多吗？就必须要懂得一行三昧，就是说要对这个般若波罗蜜多，要"一行"，要念念不忘，最后就可以得"般若波罗蜜多定"，就可以开悟。一行三昧就是这部经提出来的。六祖在这里谈一行三昧，那不是随便谈出来的，而是有四祖——五祖——六祖这一层传授的关系。

六祖对一行三昧是怎样开示的呢？他说："善知识，一行三昧者，于一切处，行住坐卧，常行一直心是也。"净土念佛，教人得念佛三昧，念念不忘，久后可以得定；密宗持咒，教人得持咒三昧，久后也可以得定。六祖这里讲的，就是要大家在一切时间和地点，不论行住坐卧，都要"行一直心"——念头不要拐弯。我们学禅宗就要这样，在一切处，不论行住坐卧，都要念念不忘般若，念念不忘自己是佛，念念不忘一切法空，这样坚持下去就可以得定，就可以开悟。所以《维摩诘经》说：直心就是道场，哪儿去找这么好，这么方便的道场呢！这就是一行三昧。

有的人念经念佛时记得，不念时就忘了；与道友们谈论时记得，谈过就忘了：这就不是一行三昧，这样修道是成不了功的。再说一下，你若念念不忘这个，不离这个，不要忘记你自己，心里认为对的就做，认为不对的就不做，简单撇脱。但正因为真正的道太简单了，人就颠倒了，忽视了。记住，真传一句话，假传万卷书，真理是没有多的道理可讲的，学问越做得高，越谈到根本，里面就越来越没有什么东西了。我会下象棋，棋艺也还可以，象棋理论很多，我用一句话就可以总结：主动权。这三个字中有多少道理可讲呢？却是下棋的根本诀窍。

再谈一谈"直心"，用现在的通俗话说，就是做事不昧良心。一般纯洁朴实的人，受到道德陶冶的人，对是非曲直有种本能的反应，如听说某人贪污腐化，立刻有一种恨的心理；看到某人的不幸，立刻有一种同情的心理等等，这一类的心理感受，都可以认为是良心。有的人受的污染多了，该恨的恨不起来，该同情的不同情，失去了正常人的是非曲直的判断，这类人就叫"昧了良心"。我们就是要在工作和生活中"常行一直心"，心里认为是对的事，当然可以做，但做了要吃亏怎么办呢？你就不要怕吃亏嘛。这里是吃亏，那时却讨了便宜，当下敢于吃亏之时，就是你当下断此烦恼之时，同时也是你当下做了功德之时。吃了一个亏，断了一个烦恼，作了一件功德，何乐而不为之呢？现在经常有人说老实人吃亏，但不知道老实人最容易成佛。有的人爱引用"人不为己，天诛地灭"来遮掩自己的丑恶行为。这是佛教里所说的"邪见"，千万不能信那一套。要记住，做好事就不要怕吃亏，要修行就不要怕吃亏，不怕吃亏就是直心，就是道场。

有的人会说，你这样讲当然对，但生活的经验告诉我们，直来直去往往要惹祸事，那该怎么办呢？要知道，直心不是不要方便，比如一个人病得很严重，我们给他说，不要紧，很快就会好，病人就会安宁。有的人病虽不重，不好好医就会发展，有时医生会威吓他："你注意，你的病严重啊，要好好地医。"他反而会老实地听医生的。这就是直心的方便，也是直心。史书上说：有个人问孔子："其父窃羊，其子证之，可谓直乎？"孔子回答说，这不算直，应该是"父为子隐，子为父隐，可谓直矣"。又有人问孔子："以德报德，以怨报怨"对不对？孔子说，应该是"以德报德，以直报怨"。直，里面的学问大得很，一方面心理、道德上要平直，不要曲诌，另一方面，又要把环境处理好，这是功夫，可不是随便就达得到的。

所以，六祖在下面指出了一个重要的问题，就是"道须流通"，学道就是要流通，精神解放了，自然就会活泼起来。如果一个人学道反而成了呆子，那学的是什么道呢？什么是流通呢？"心不住法，道即流通""心若住法，名为自缚"。你如果做到了"于一切法勿有执著"，那么自然整个身心就流通了，也就是无论何时何地，在我们的工作和生活中都不要忘记这个东西，同时也不要执著于这个东西。这实际就是一行三昧，就是一切放下，全体放下，对事不要执著，对法也不要执著，不论四谛法，三十七道品，六度万行都要放下，都不能执著。若认为有个法妙得很，自己很得好处就舍不得放下，那么，这个很妙的法就在这里把你障住了，把你缚住了——应该说自己用这个法缚住自己了。在这里是没有客气可讲的。这里是在讲"直心"，讲一行三昧，我又怎么敢在上面奉承人呢？如果佛说过的就必须执著而放不下，那就不是佛法。不但世间的一切法要放下，对佛法也同样应该放下。要知道，释迦佛说的法都是对症下药，你没有这个病，就没有必要吃药。你有这个病，吃这个药好了，病好了这个药也用不着再吃了。不能因为我得了一次感冒，就得吃一辈子的感冒药嘛。所以，释迦佛经常说，我没有说法，49 年来我一个字也没有说过啊！只有这样，"道即流通"，才真正地自由了。

我就是真如

师示众云：善知识，本来正教，无有顿渐，人性自有利钝。迷人渐修，悟人顿契。自识本心，自见本性，即无差别，所以立顿渐之假名。善知识，我此法门，从上以来，先立无念为宗，无相为体，无住为本。无相者，于相而离相；无念者，于念而无念；无住者，人之本性，于世间善恶好丑，乃至冤之与亲，言语触刺欺争之时，并将为空，不思酬害，念念之中，不思前境。若前念今念后念，念念相续不断，名为系缚。于诸法上，念念不住，即无缚也。此是以无住为本。善知识，外离一切相，名为无相。能离于相，则法体清净，此是以无相为体。善知识，于诸境上，心不染，曰无念。于自念上，常离诸境，不于境上生心。若只百物不思，念尽除却，一念绝即死，别处受生，是为大错。学道者思之，若不识法意，自错犹可，更劝他人，自迷不见，又谤佛经，所以立无念为宗。善知识，云何立无念为宗？只缘口说见性，迷人于境上有念，念上便起邪见，一切尘劳妄想，从此而生。自性本无一法可得，若有所得，妄说祸福，即是尘劳邪见，故此法门立无念为宗。善知识，无者无何事，念者念何物？无者无二相，无诸尘劳之心；念者念真如本性。真如即是念之体，念即是真如之用。真如自性起念，非眼耳鼻舌能念。真如有性，所以起念。真如若无，眼耳色声当时即坏。善知识，真如自性起念，六根虽有见闻觉知，不染万境，而真性常自在。故经云：能善分别诸法相，于第一义而不动。

这一段极为重要，六祖大师从另一个方面为我们指出了修道的要径。二千多年来，关于佛教的修持，有的说顿悟成佛，有的说必须渐修。教下有顿渐之说，禅宗也有顿渐之说，是是非非，说不清楚。六祖在这里说："本来正教，无有顿渐"，佛法就是佛法，在根本上说，是没有顿渐的分别的，但是因为"人性自有利钝"，所以在修持上，就出现了"迷人渐修，悟人顿契"这一差别现象。但归根到底，不论你渐修也好，顿悟也好，都是为了解脱，为了成佛，要认识自己的自心、本性，就这一点上来说，顿渐是没有任何区别的。顿悟是认识自己，渐修也是认识自己，但自己对自己而言，还有什么差别呢？认识别的或许还难，自己认识自己还有什么障隔，还有什么难的呢？这里当下即见：为什么不可以顿悟呢？所以，在这个问题上，顿渐只是假名，顿悟都是多事了。不悟是你，悟了还是那个你，这个"自己"，可是不增不减的，所以不要在法上执著有什么顿，有什么渐，只要在这条路上走下去，自识本心，自见本性，就绝对错不了。

下面六祖提出了自己的纲领："无念为宗，无相为体，无住为本。"这三件事本来是一回事，为了方便大家理解，六祖把它分为三点来说。"无念"这个法出自于《楞伽经》，也不是六祖发明的，我们在前面已经两次谈到了无念，这里再强调一下，无念，简单明确地说，就是不执著，就是对里里外外的一切事情都不去执著，连这个不执著也不要执著。要知道，一切法空还有一个理解，就是一切法都是活的，不是死的，你把它弄死了，就是有念，就是自缚了。

任何人，都是在有念之中生活，都在"二"之中生活，于是就有烦恼和生死。无念，就进入了不二，不二就没有那些念头，如主观、客观、善恶、是非、过去、未来等那些相对的东西。如果要问什么是主观，禅宗的回答是：客观。如果要问什么是因，禅宗的回答是：果。禅宗认为，主观就是客观，因就是果。离开了客观哪里去找主观呢？离开了因哪里去找果呢？

反过来也一样，总之不能执著于一面。王阳明的一个学生问他，你老人家说万物都在心中，但前面山里的花开花落，若没有看到，那花又怎么会在心里呢？王阳明回答得好，他说，我没有见花时，那花与心同归于寂，当我看花时，花与心同时都明明白白了，可知花不在心外。又有个学生问王阳明，你老人家说天地万物都离不开自己，但是某人死了以后，天地万物仍然存在啊！王阳明回答说，你问得好，但我反问你，某人死了以后，他的那个天地万物还在不在呢？大家听明白了吗？这个法是很普通的，只要你在自己心上下功夫，自己认识自己，有什么难的呢？这里就必须超出相对而进入绝对，如果思想只是在相对之中打转，那是开悟不了的。要开悟，就必须把一切相对的东西打脱。若开悟了，一真一切真，全体就解决了。无念为宗的道理明白了，无相为体、无住为本的道理也就迎刃而解了。什么是无相呢？因为世界上任何事物都是因缘而生的，都具有空性，哪里有固定不变的相呢？一切都回归于无相，无相就不会执著，你懂了一切法空，凡所有相皆是虚妄的道理，并且不执著，那么你就懂了无相为体的这个"体"了。还有无住为本。无住，就没有立足的地方，一切法不住，没有丝毫值得留恋的地方。所以赵州和尚说，有佛处不得住，无佛前急走过，就是于法不住。

《金刚经》内有许多著名的语句，如："过去心不可得，现在心不可得，未来心不可得。"前念已经过去了，哪儿去找呢？现在这个心你抓嘛，抓不住，一念当头，转瞬间就成了过去。未来心更说不清楚，谁知道未来是什么呢？如果有谁横了心，非要把过去现在未来抓住，那也只是水中捞月，空抓一场。在这个意义上，六祖说无念，无相，无住真是太亲切了。

六祖对无念、无相、无住作了种种解说之后，又总提了一下："无者无二相，无诸尘劳之心，念者念真如本性，真如即是念之体，念即是真如之用。"一方面，无念的这个"无"，要除去一切相对的，属于"二"的种种思维分别；另一方面，无念的这个"无"，要除去一切尘劳烦恼妄想。剩下的这个"念"，就是"能离于相，则法体清净"的法体，就是真如本性。归根到底，念就是念自己，自己的真正本性就是真如。

真如在佛教里是个非常重要的名词，一切法的本来面目就是真如。真为不假，如则不倒，宇宙的真实就是真如，而这个真如又绝不能离开我们的认识。如果说宇宙有个真如，我们在真如之外，那就错了。真如以外是没有任何东西的，一说真如，宇宙人生全包括在自己身上；一说真如，绝对离不开你能知的那个心，所以你那个心就是真如。你想，没有我们这个念头、认识、知觉，谁在说真如呢？若那个是真如，那我们自己呢？如果我们自己是假的，那我们所认识的那个真如可靠吗？所以，必须你就是真如，真如就是你；念就是真如，真如就是念。六祖的这一大段，望大家好好参照学习。对六祖讲的这些，一定不要停留在口头上；要深入在自己的身心性命之中，要"口念心行"，这样，才真正是学禅宗，才真正是六祖的弟子。

　　六祖最后说："善知识，真如自性起念，六根虽有见闻觉知，不染万境，而真性常自在。故经云：能善分别诸法相，于第一义而不动。"顿悟顿悟，依据是什么呢？六祖这里谈的，就是顿悟的依据。没有这个就在我们念头中的、常自在的真性——真如自性，我们凭什么去顿悟，不说顿悟，渐修也失去了依据。

坐禅品第五

经常有人提出这样的问题：怎样用功呢？怎样坐禅呢？对于佛教的理论，一般有文化的都可以马虎自学，但对坐禅，许多人都有一种神秘的看法，认为里面有点"玄"，不是用认识的方法可以进得去。是啊，一切神通妙用都因禅定而起，六度万行，戒定慧三学，止观二法，都离不开禅定。在印度，佛教，甚至佛教以外的各宗各派都重视坐禅，中国佛教的各宗各派也重视坐禅，坐禅是出家修行的日常功课，但怎样才叫坐禅，怎样才能收到坐禅的效果呢？

坐禅的确是修行的重要方法，双腿一收，跏趺而坐，进而修止修观，四禅八定，小乘禅到大乘禅都要从这儿开始。但禅宗自六祖来，对佛教里的许多方面都进行了革命，《坛经》里面讲的那些，都是对佛教传习已久的许多方法的革命。如"时时勤拂拭，勿使惹尘埃"是传统的修行方法。六祖则来了个"本来无一物，何处惹尘埃"。印宗法师问五祖传授什么？六祖的回答是："指授即无，唯论见性，不论禅定解脱。"传统的方法是先戒后定再慧，六祖这里是"内外一如，定慧即等"。问到西方净土，六祖的开示是"身中净土""自行西方"。佛教中的这些传统东西，到了六祖这里全都不用了，至少冲淡了。所以我们学禅宗、学《坛经》，一定要认真领悟到六祖大师这个法的根本之处是什么，如果不是真理，不是佛法，那么禅宗就绝对建立不起。但是六祖不但把这个法门建立起来了，而且在一千多年中取得了中国佛教的主导地位，从这里便可以看到这个法的殊胜。在《坐禅品》中，我们同样可以看到六祖大师的创新精神和法门的方便、殊胜。

禅宗的"坐禅"

师示众云：此门坐禅，元不看心，亦不看净，亦不是不动，若言看心，心原是妄，知心如幻；故无所看也。若言看净，人性本净，由妄念故，盖覆真如；但无妄想，性自清净，起心看净，却生净妄。妄无处所，著者是妄。净无形相，却立净相，言是功夫。作此见者，障自本性，却被净缚。善知识，若修不动者，但见一切人时，不见人之是非善恶过患，即是自性不动。善知识，迷人身虽不动，开口便说他人是非长短好恶，与道违背；若看心看净，即障道也。师示众云："善知识，何名坐禅？此法门中，无障无碍，外于一切善恶境界，心念不起，名为坐；内见自性不动，名为禅。善知识，何名禅定？外离相为禅，内不乱为定。外若著相，内心即乱；外若离相，心即不乱。本性自净自定；只为见境思境即乱；若见诸境心不乱者，是真定也。善知识，外离相即禅，内不乱即定，外禅内定，是为禅定。《菩萨戒经》云：我本性元自清净。善知识，于念念中，自见本性清净，自修、自行、自成佛道。

六祖大师这里讲的坐禅，与其他法门讲的不一样，即不看心，也不看净；既不是让你在那儿看自己的那个心，也不是要你把自己的心打整干净，如果那样，就成了神秀的"时时勤拂拭，勿使惹尘埃"了。为什么呢？六祖说："若言看心，心原是妄"，常人的那个心，都是烦恼妄想塞满了的，若说不妄，谁能找出一个不妄的心来呢？你若起心去看，就是更大的妄念。好多人用功时心思收拾不住，越是治妄，心里越闹，这是因为以妄治妄，怎么治得了呢？南宋时有个修行人问破庵祖先禅师，他说："猢狲子捉不住，怎么办呢？"就是说，我起心看净，但妄想老是消除不了，扫不干净，你老人家有什么办法帮助我呢？破庵禅师说："用捉干什么！那可是如风吹水，自然成纹啊。"这时，在旁边当侍者的无准师范却言下大悟。这是什么道理呢？因为我们的那个心本来是清净的，本来用不着你去看，去打扫。但是问题来了，这个心既然本来就是清净的，那么这么多的妄念，烦恼又是从哪儿来的呢？这就需要去参、去悟。悟了，就那个妄念烦恼充塞的那个心，就是清净的真如的那个心。佛教爱用"颠倒"这个词，颠倒时，是妄念，是烦恼；你若悟了，倒过来就是菩提。所以，"知心是幻，故无所看也"。

我们有妄想，想扫除妄想，但谁知道哪个是妄想呢？谁又想去扫除这个妄想呢？知道妄想，扫除妄想的那个念是什么呢？这就是关键了。当我们觉察到自己有妄念时，那个"觉"的心，与发生妄念的那个心是不是两个呢？不是嘛，你觉知妄念的那个心，与产生妄念的那个心是一回事，都是我们自己，我们也只有这一个心。妄念产生于这个清净的心，觉悟也产生于这个清净的心，都是你啊！你若明白了这个道理，才知道起心看净不是妄念也是多事。为什么呢？本来清净，你自己信不过，还要净上加净，怎么不多事呢？净上加净，实际上就是妄上加妄。所以净无形相，若有个什么具体的净相，你认为应该的那个净相，它就不净了。若你要刻意去求个什么净，最多也只得一个百不思、百不想的废人，如同木石瓦块一样。这绝不是功夫，仍然是妄见，为什么呢？"障自本性"，把自己活泼泼的自性束缚了、障碍了。

对于定，一般人都有误解，认为不思不想就得定了，坐在那儿不动就得定了，可不是这样。真正的功夫，那是经得起考验的，在日常的工作和生活中，在善恶是非得失及种种烦恼中，你若得力，把握得住自己，一心不乱，应酬有方，那才真正是有本事。坐在那儿修禅，一心不动，当然不错，但进入生活，面对烦恼，心就守不住了，动了、乱了，这有什么功夫呢？所以六祖说："若修不动者，但见一切人时，不见人之是非善恶过患，即是自性不动。"而另一类人呢？"迷人身虽不动，开口便说他人是非长短好恶，与道相违，若看心看净，即障道也。"大家对照检查一下，自己的功夫到底应该怎么用，应该用在什么上。

那么，禅宗的坐禅又应该是什么状态？六祖说："无障无碍处于一切善恶境界心念不起，名为坐；内见自性不动，名为禅。"在前面我们多次提到绝对与相对的关系，善恶、是非、成败、因果、烦恼、菩提等等都是相对的，是"二"，不是"不二"。六祖这里以"一切善恶境界"概括了一切相对的、分别的境界，能超越了这些相对、分别的境界，你才能见性，才能无障无碍。也才能"心念不起"，这就是禅宗的"坐"。这种"坐"超越了坐相，哪怕你并没有坐在那儿用功，而是日用动静中，你仍然是"坐"。反之，你达不到这种境界，心里乱哄哄地在那些相对的分别境中打转，哪怕你坐上一百年，却与"坐"无关。"坐"是不动的意思，"站"是动的意思。但对于动静也不能看死了，动静是二，不是不二。这好比我们的心，你说它是有念还是无念呢？若说有念，我现在什么都没有想；若说无念，我却什么都在想，那它到底是有念还是无念呢？这个道理其实好懂，有念的是我，无念的也是我，若要认定那个有念或无念的是我，反者则非，那就错了。那么，我是不是这两者合在一起来的呢？也不是，这两者都是从体相上显示出的作用而已，不是合并在一起的。若明白了这层道理，就达到了六祖所说的"内见自性不动，名为禅"。

下面我们来欣赏一首禅诗，是南台和尚写的：

　　南台静坐一炉香，终日无心万虑忘。

不是息心除妄想,只缘无事可商量。

"南台静坐一炉香",他点起香,坐在那儿,"终日无心万虑忘",一天到晚都无所萦怀,一切东西都不住于心了,什么修行,不打妄想,看心看净等等统统忘记了。"不是息心除妄想",我坐在这儿,并不是硬要把心息下去,故意不起妄想,而是因为有下面点眼的结句:"只缘无事可商量"。本来就没有事嘛!见了性,就没有事了。所以昭觉和尚说:"我看这千万人都是迷糊的,都跑到这儿来找佛,找菩萨,没有看见一个无心道人。"注意,这个"无心道人"并不是故意无心,是因为见了道以后,世间的那个心就死了,不起作用了,这才是坐禅。

再如药山禅师见道后,有天在庙外的石头上坐禅,石头希迁禅师问他:你在这儿干什么?药山说:我什么都没有做,石头说:那你是在闲坐了?药山说:如果是闲坐,那就是有所作用了。石头说:我这里针扎不入。药山说:我这里如石上开花。这才是禅宗的坐禅,里面什么东西都没有,但境界却大得很。从这里,你再看那些观心观净的,全是在打妄想。你再看临济大师,他在黄檗处见性后,一天在僧堂里睡觉,黄檗来查房,看他睡觉,就用杖子打他一下,临济睁眼一看是师父,又合眼睡去,黄檗禅师又到上房去查,看见首座和尚在那儿坐禅,于是用杖子打他说:下面那个小和尚却知道坐禅,你却在这里打什么妄想。大家好好参一参,临济睡大觉,打都打不醒，黄檗大师说在坐禅；首座和尚明明在坐禅，而黄檗大师却说他在打妄想。里面的道理何在呢？就是六祖大师上面所说的道理嘛。"若见诸境不乱，是真定也"，临济被他的师父打都打不醒，其实他们明白得很，临济是"见诸境不乱"，所以尽管睡大觉，而黄檗大师却赞叹是真正坐禅。

"外离相即禅，内不乱即定，外禅内定，是为禅定"这就是六祖为禅定所下的定义。总之，说到底就一个"著相"，"著相"就是无明。佛的三藏十二部，说的，破的就是这个东西。要知道，世界上没有多少东西，就是这一点点执著，佛法就是要把这一点连根拔掉。世上的人放不下，总要抓一个东西才安心，抓一件又一件，一直抓到死都脱不了手。"坟地给我看好啊！""儿女要给我照顾好啊！""千万记住你妈，明年清明要来上坟啊！"你看，这怎么得了。基督徒要把上帝抓住，佛教徒则把阿弥陀佛、观音菩萨抓住，这些都是执著，所以禅宗说"顿破"，就是破这个东西；三藏十二部，大说小说圆说顿说，种种说，反复说，都是为了破这个东西。

这里，六祖大师引《菩萨戒经》说：我本性元自清净，因此，一切学佛的人要念念不忘自己的本性，要看到自己本来就是清静的本性，如此而已。所以要"自修、自行、自成佛道"。自己修自己的本性，自己按照自己的本性行动，用不着只想依靠着什么别的力量，自己的本性就是佛嘛！所以祖师们大悟后，往往第一个感叹是："啊，原来是这样，其实我早就成佛了！"开悟就是这个意思，所以《坛经·坐禅》这一品并没有讲怎样坐禅，而是放在这个"本性"上来讲的。六祖千言万语，就是一句话，只是叫你明心见性，自成佛道，一切都在这里。

唐代有一位很有名的禅师，叫马祖。他为什么叫马祖呢？因为他俗家姓马，出家后的法名叫道一，所以叫马祖道一。他是四川什邡人，气宇不凡，非常用功，后来离开四川到湖南衡山怀让禅师的庙子里挂单，一天到晚都在静坐。怀让发现他是个人才，很想度他，多次找他谈话，但马祖坐在那里理都不理。怀让于是拿了一块砖，天天在马祖面前磨，马祖也不理。不知过了多久，马祖终于忍不住了，说："和尚，你在干什么啊？"怀让说："我在磨镜。"马祖很奇怪，说："镜子是用铜磨，你用砖磨，怎么成得了镜子呢？"怀让说："既然砖头磨不成镜子，那么你在那儿坐禅就成得了佛吗？"马祖的确不凡，立刻有所省悟，并且请教说："那怎么修持才对呢？"怀让仍然用比喻进一步说："如果一条牛拉的车停在那儿，要牛车上路，该打牛还是该打车呢？"马祖说："当然该打牛，打车有什么用！"怀让说："因此你应当知道，人的身体等于一辆车，心等于是牛。要想成佛，必须以心上用功，不在于坐啊！"怀让又说："你是学坐禅，还是学坐佛呢？若说坐禅，禅非坐卧；若学坐佛，佛非定相，于无住法，不应取舍；汝若坐佛，即是杀佛，若执坐相，非达其理。"马祖于言下就大彻大悟了。

在这次学习上，许多同学问我应怎样用功，从以上所讲的道理来看，用功就是多事，本来就是佛，还用什么功呢？但大家还没有见性，当然应该用功，而且需要假设一些方法，帮助自己见性。根据六祖大师的主张和我的一些经验，下面给大家介绍一下用功的方法。

首先，我们也要静坐，不过必须在生活中随时用功，不在生活中用功，光靠静坐，就效果不大。

生活中如何用功呢？大家可以参照六祖的《无相颂》，要时时做到"心平气和"，要"孝敬父母"，要"上下相怜"，要在生活和工作中学会和养成"忍"，"让"习惯，要敢于迁善改过，不要护短，等等。这些看起来很平常，但日用之谓道，不要小看这些，这可是基本功夫，如同建一幢大楼要打好基础一样，这些全是基础，有了这些，你一静坐就得力了。

懂得了一切法空的道理，那么你对一切事相就不那么执著了，但这还不能停留在理论上，要在实践中，在自己的身心性命中来实证这一真理，你才会得到真正的受用。这是仅凭静坐得不到的，要贯穿在日常生活中去，要在自己的喜怒哀乐，在自己的贪嗔痴中去体验，佛教不是没有气功，但佛教讲的是正面，背面的东西很少讲，怕你执著。我今天把背面的秘密告诉大家，万法皆空，不空不行，不空你那个阴阳二气就干净不了，就纯净不了，做功要见功夫，要有本钱，头一个是身上的阳气要旺，静坐要见功夫，非有阳气不可。阴气要不要呢？许多人说不要阴气，那就错完了！阴阳之谓道啊，仅靠阳气是不行的，独阳不生，孤阴不长，必须阴阳二气配合，才能回归太极。

所以说真阳之气要旺，那真阴之气一定要足，这样静坐才能见功夫。那么阳气从哪儿生呢？仅凭那点深呼吸是不行的，深呼吸是后来作用，与真阳无关。我说一点不知你们信不信，但可以试一试，你帮助了人，做了件好事，心里就欢喜——这里就生了阳，阳气在心上一冲，你就有欣喜的感觉。这不是空的，阳也不是无缘无故生的，吃点补药也可以生阴生阳，但不是真阴真阳，总有点不纯。注意业感缘起的道理，你若能做到佛所说的"诸恶莫作，众善奉行，自净其意"，那么生出来的就是真阴真阳。这里可是高级气功。所以把工作和生活搞好了，多做于人有利的事，阴阳二气在身上就纯净；一身的业行浊乱，身语意都不干净，身上哪儿生得了真阴真阳呢！

阳气，要阳得纯，阳得正，不要燥阳；阴气，也要阴得纯，阴得正，不要浊阴。有精神吵架的，阳气虽然足，而且有余，但那个阳是燥阳，不但不能办事，而且要坏事。用这种阳气来用功，就会走火。有的人精神虽不振，成天瞌睡，可也成天在心里计较盘算，阴沉沉的，这是浊阴，浊阴就易入魔。现在一些用功的人走火入魔，其原因就是阴阳二气不纯。所以要用功，必须纯净阴阳二气，要纯净阴阳二气，最好的途径就是要在思想上弄通万法皆空的道理，在行动上要做到"诸恶莫作，众善奉行，自净其意"。这样，身上那些乱七八糟的东西洗干净了，你那个阴阳二气就纯、就真了。有这个本钱用功，你试试其中的效果！

怎样静坐最好呢？坐的时候要看情况，早上坐也好，晚上坐也好。但真正说来，早上坐最好。睡了一夜，就应早点起来，不要贪懒觉。你要想见性，想成佛，如果早上的懒觉都舍不得，怎么行呢？告诉你，贪懒觉就是沉溺于生死，要注意这点。另外，睡一觉之后，精神就特别好，谁懂得其中的道理呢？若说因为一夜的休息，帮助了新陈代谢，那只是一般的说法，科学对这个问题未必讲得清楚，倒是中国道家对这个问题解释应引起人们重视。

道家是怎么说的呢？道家认为，我们身上精力之所以能生生不息，是因为身上阴阳二气不断交替所产生的。我们在天地间所以能够生存，万物能得养育，是凭天地间阴阳二气交媾。人身是一个小天地，你身上所需要的滋养，都是因你身上阴阳二气融合的结果，产生出的那个东西才把你补充起来。阴阳二气等于夫妇，阳是男，阴是女，两个本来是相互需要的，相互欢喜的，但当中一有杂念，有贪嗔痴捣乱——特别是白天，这阴阳二气就得不到交媾，就使你疲劳，困倦。

晚上睡一觉后（有时白天也可以休息），那时，念头沉下去了，不捣乱了，阴阳二气才有机会交媾。所以睡一觉后精力又得到了恢复。夜里睡时如果梦多，梦乱，那阴阳二气交媾得就不好，所以尽管睡了一觉，仍然使人昏昏沉沉的。俗话说"有钱难买早上觉"，早上的觉真是舒服极了，特别是已经睡醒后似睡非睡，朦朦胧胧的那时候舒服得不想起来，这是什么原因呢？这是因为睡足后阴阳二气交媾后产生的那个东西的作用。那个东西产生出来时，你本应当起来，让它补养你的精神，可是你睡懒觉，结果身体没有好好接受，两者一结合，起来后仍然是昏沉的——那个东西散了，全散在皮肤里，所以身上倒是舒服，也不想起床，结果是精神没有得到滋养。所以我提醒大家早上起床应早，5 点不行，也不应过了 6 点，8 点就得上班，不然你又有什么时间来用功呢？

起床后，先把大小便解了再坐，坐时下部垫厚一些，上面穿薄一些。盘脚在佛教里有几个方式，一是双盘——双跏趺，两个膝挨地，尾部触地，会阴穴要悬空，会阴穴很重要，全身的阴气都汇归在这儿。双盘若做不到，单盘也可以。单盘做不到，双脚自然交叉也可以。

腿摆好以后，就把身子摆正，右手放在丹田上，再把左手背放在右手心上。丹田这个地方容易发热，两个手没有放好就容易心散，所以姿势很重要。再就是舌抵天堂（上腭），伸直脊梁，但不要强勉用力，自然轻松最好。我们五脏六腑都是在脊梁上挂起的，脊梁一正，五脏六腑的位置也就摆好了。眼睛呢？各人随便，若闭上就瞌睡的人就不要闭。一般是眼观鼻，鼻照脐，外表姿势大体如此。练气功的人都知道这些，这传自于佛教，叫"七支坐法"。坐好之后，吸三口清气，吐三口浊气。好了，这下你就定了——调身调定了，下面就开始调息、开始用功。

用功，佛教内一般都是止观双修、定慧等持。懂得了"万法皆空"的道理，用功时就应多修空观，以达到不思善、不思恶的境地，到这个时候，你的念头不求净而自净，自然而然地进入轻安自在，这时你就应该定住，越长越好。若定不住，念头起来时怎么办？禅宗用功，决不去打这个念头，一打就是妄上加妄了。当念头起来时，你不去管它，也不随它发展，你只是心里明白就行了。这样，念头自然而然就去了，轻松得很。你若用力去排除，那就是自讨麻烦。还有一种方便，念头起来时，你可以追问，这个念头是谁的念头呢？它从哪儿来，又到哪儿去呢？就这么去参。不要听那些"炼精化气，炼气化神，炼神还虚"之说，只要在空观上功夫到家，这些自然都在里面。就在这时，如果豁然一念脱落，我就给你道喜！那时精化气是它，气化神是它，神还虚是它，虚合道还是它。用不了多大的劲，该周天通时自然就通——只要证了空性，一切功夫自然会来的，何必着急呢！

禅有许多层次，有各种各样的禅，凡夫禅、外道禅、小乘禅、大乘禅、无上乘禅，这里简单作些介绍。

我们先讲一讲，三界唯心的三界。三界是什么呢？就是欲界、色界和无色界。欲界的表现就是饮食、男女、睡觉，还有其他种种，但主要是这三件事，所以叫欲界。色界里饮食男女睡眠三者都没有了，但还有他的身体和环境可以看得见，所以叫色界。无色界则全是精神的世界，没有身体，也没有山河大地，所以叫无色界。色界以上又叫定界，没有禅定功夫的人，是到不了这两个世界的。

欲界里有天道、天人，是六道轮回中的一道，不需要得定，只要善因够了就可以去。天人也在欲界里，而色界、无色界是属于定界，必须得了定才能去。欲界里的六层天是：天王天，切利天，焰摩天，兜率天，化自在天，他化自在天，都是欲界，都有饮食男女，不过睡眠比我们少，烦恼比我们轻而已，所以仍然是欲界。

色界里有四层天：一禅天、二禅天、三禅天、四禅天，必须得了定才能去。无色界呢？里面又有四层天：空无天、虚无天、无有处天、非想非非想天。总括色界无色界叫四禅八定，一层天比一层天高。色界四天尚有颜色质碍，而无色界四天则是纯精神的世界。

如来禅和祖师禅

不要以为天上就那么了不起，要知道，在佛教里，三界都是凡夫，这一点一定要弄清楚。一般以为上了天就了不起了，那不行，那只是福报好一些而已，享受好一些而已。在三界里，烦恼并没有断，空性也没有证到，人我法我二执都有，仍然不能出离生死，所以叫凡夫。进入佛法，了脱生死必须得智慧，也就是要证一切法空，否则绝脱不了生死。所以四禅八定也只是凡夫定，而凡夫定是不能了生死的。小乘里说的种种定，可以证罗汉，可以了生死，但只是小乘定。小乘定再上去就是大乘定，大乘定有一定叫"如来禅"。还有"祖师禅"又叫无上乘禅，这就是禅宗的专利。关于"祖师禅"，在教下有很大的争议，但在禅宗里却是非讲不可，这是禅宗的特色。

什么是祖师禅呢？下面举一则公案：沩山、香严都是百丈禅师的弟子，沩山灵祐最先出世坐山，但香严却没有见性。百丈圆寂后，香严又依止沩山。有一天沩山对他说："你在百丈先师处聪明伶俐，问一答十，问十答百，但都属于分别思维，没有找到生死的根本，现在我问你一句，但不许引经据典，要用你自己的话来回答——父母未生你时是什么样子呢？"香严对这样的问题，若回答呢，心里尽是经典的，老师的，而自己的却不知在哪儿，回答不出来，于是叹息说："毕竟画饼不能充饥啊。"于是就把平时看的书全部烧了，说："今后我也不学佛法了，当一个行脚僧算了。"他告别了沩山，就到南阳忠国师的墓前，搭个茅棚过日子。

一天，他在田里除草，偶然把田里的瓦片抛开，击竹有声，一下就悟了。这时，他感慨流涕，对着沩山的方向礼拜说："感谢和尚当时没有为我点破，不然怎么会有今天的悟呢？"他作偈一首送与沩山，偈子是这样的：

> 一击忘所知，更不假修持。
>
> 动容扬古路，不坠悄然机。
>
> 处处无踪迹，声色外威仪。
>
> 诸方达道者，咸言上上机。

沩山看到这个偈子，对仰山说："香严这次终于彻悟了。"仰山说："还不行，我要亲自勘察，看他是真是假。"

仰山找到香严，说："你那个偈子我看了，你再说说看。"香严于是又作一个偈子："去年贫，未是贫；今年贫，始是贫。去年贫，犹有立锥之地；今年贫，锥也无。"仰山说："如来禅，师弟是会了，但对祖师禅，你还未梦见。"香严说："好好，我再给师兄说一点。"香严于是又作了一个偈子：

> 我有一机，瞬目视伊。
>
> 若人不会，别唤沙弥。

仰山于是高兴地说："且喜师弟会得祖师禅了，我要向老师报喜。"关于祖师禅，在《五灯会元》中还记载了一则，出于与仰山、香严同时的洞山禅师的师兄幽溪和尚的公案。有个和尚问幽溪："如何是祖师禅？"幽溪和尚回答说："泥牛步步出人前。"

六祖大师在《坛经》里讲的，可以说全是祖师禅。"我有一机，瞬目视伊"，与唐五代许多机锋、棒喝，你说这是初禅呢，二禅呢？谈不上嘛。道家所讲的炼精化气一类，连如来禅都未到，说什么祖师禅。如来禅必须讲修行的次第，祖师禅则肯定人人都有佛性，这个佛性不是修得来的，只是见与未见的问题。所以在四禅八定，大小乘禅讲了那么多，而禅宗不讲这些，"我宗门下，只是明心见性"。单传直指、向上全提，这才是祖师禅的风范。

忏悔品第六

　　《忏悔品》是《坛经》的第六品。这里我再重复一下，六祖大师在《坛经》中讲了那么多，其实说的只有一句话，就是要你"明心见性"，要你自己认识自己。这里就把一切佛法都包括在其中了，所以六祖不论讲什么，都是在发挥这一主题，《忏悔品》仍然如此。

五分法身香和无相忏悔

　　时大师见广韶洎四方士庶骈集山中听法，于是升座告众曰：来，诸善知识！此事须从自性中起。于一切时，念念自净其心自修其行，见自己法身，见自心佛，自度自戒，始得不假到此。既从远来，一会于此，皆共有缘，今可各各胡跪，先为传自性五分法身香，次授无相忏悔。众胡跪。师曰：一、戒香，即自心中，无非、无恶、无嫉妒、无贪嗔、无劫害，名戒香。二、定香，即睹诸善恶境相，自心不乱，名定香。三、慧香，自心无碍，常以智慧观照自性，不造诸恶；虽修众善，心不执著，敬上念下，矜恤孤贫，名慧香。四、解脱香，即自心无所攀缘，不思善，不思恶，自在无碍，名解脱香。五，解脱知见香，自心既无所攀缘善恶，不可沉空守寂，即须广学多闻，识自本心，达诸佛理，和光接物，无我无人，直至菩提，真性不易，名解脱知见香。善知识，此香各自内薰，莫向外觅。

今与汝等授无相忏悔，灭三世罪，令得三业清净。善知识，各随我语，一时道：弟子等，从前念今念及后念，念念不被愚迷染；从前所有恶业愚迷等罪，悉皆忏悔，愿一时消灭，永不复起。弟子等，从前念今念及后念，念念不被憍诳染；从前所有恶业憍诳等罪，悉皆忏悔，愿一时消灭，永不复起。弟子等，从前念今念及后念，念念不被嫉妒染；从前所有恶业嫉妒等罪，悉皆忏悔，愿一时消灭，永不复起。善知识，以上是为无相忏悔。云何名忏？云何名悔？忏者，忏其前愆，从前所有恶业，愚迷、憍诳、嫉妒等罪，悉皆尽忏，永不复起，是名为忏。悔者，悔其后过，从今以后，所有恶业，愚迷，憍诳嫉妒等罪，今已觉悟，悉皆永断，更不复作，是名为悔，故曰忏悔。凡夫愚迷，只知忏其前衍，不知悔其后过。以不悔故，前罪不灭，后过又生。前罪既不灭，后过复又生，何名忏悔？

在这一段里，六祖首先再一次强调，佛法不是外面的法，是在自己自性之中的。这一件大事须从自性中起，不要向外求，并把它作为一个起点。对于这个问题，我曾多次谈过，如果不是从"这里"开始，那其他什么可以作为开始呢？你无论做什么事，都必须从此心此念此时开始，无论说科学，说宗教，讲现实，谈历史；无论你说佛，说菩萨，说天堂，说地狱，无论什么，都得从"这儿"起，这是真正的开端，只要这个开端正确，一切全正确；这个开端错了，一切将全错。

所以，六祖才要你"于一切时中，念念自净其心"。有人说，禅宗的修行宽松得很。其实在修行上，禅宗是最严格的，它不准你放松每一件事，对你的思想和行动进行全面管制。"念念"就是一切念，一切时，你都得把自己的心清洗干净。清洗干净就是少动烦恼，这可是功夫，烦恼断尽就可以成佛，不断烦恼就是凡夫。要知道，烦恼并不是从外面来的，还是从你自性中产生的，烦恼的开端也是在"这里"，"自净其心"的开端还是在"这里"。有人会问，心到底是什么？为什么烦恼是它，成佛也是它呢？前面已经讲过了，这个心是万法俱齐的，善恶是非，大小长短、烦恼菩提都在心中。而这个心又是自由自在的，那些善恶是非，烦恼菩提又全在自心的抉择上，在这里大家就必须留意了。所以六祖说，"于一切时，念念自净其心，自修其行，见自己法身，见自心佛，自戒自度"，一切都离不开自己啊！所以赵州和尚说：金佛不度炉，木佛不度火，泥佛不度水，真佛内里坐。其他的都不可靠，只有自己度自己最可靠。

什么是"自性五分法身香"呢？一般寺庙传戒，只是说"五分法身香"就行了，而六祖却处处强调自性。要知道，法身就是我们那个不生不灭的本体，也就是我们的心，我们的自性。要想证到这个法身，必须具备"五分"。五分包括戒定慧在内。戒定慧是就"因"而说的，你要得成佛的"果"吗，就必须有成佛的"因"。但佛门戒与一般人的戒不一样，一般人守戒是很勉强的，如在某师父那里受了戒，因而不敢违犯。而佛所守的却是"自性戒"。而一般人守戒，总感到那个戒是一种外在的权威力量，不敢不守。所以六祖在这儿传的"自性戒"是指成佛以后那个非常圆满的戒。为什么说"圆满"呢？因为根本不需要守外面的什么东西，自己的本性自然而然就是清净有律的。现在叫你守戒，无非是要把你法身中本具的那个戒引发出来。你暂时还做不到，那就只好去"守"，然后慢慢地，就可以把法身中的自性戒的"风格"引发出来，你也就自由自在了。明白了自性戒，那自性定，自性慧也就"亦复如是"了，要想得到佛的法身，就必须具备戒定慧这三种功德。

上面只谈了三分，还要加二分才叫做"五分法身"，另外两分就是解脱和解脱知见。解脱，当然是指解脱于生死苦海。说简单形象一点，就是精神上自在洒脱。怎样才能得到解脱这个最终的结果呢？就是因为得到了解脱知见，也就是得到了关于解脱的智慧。说到底，就是开悟，就是见道。开悟了，自然就得到解脱，解脱是果，解脱知见是得到解脱的智慧。戒、定、慧、解脱、解脱知见这五分合起来，就是佛的法身。

在佛教寺庙中做法事都有一定的仪式，如传法时，受法的人就必须跪下，传法人要点上一炷香。点一炷香，诵谕一番有关戒的颂文，受法人受了，就得了戒香；再点一炷香，诵谕一番有关定的颂文，受法人受了，就得了定香；慧香，解脱香，解脱知见香也是这样传授的，这就是传法的仪式。但六祖在举行这种仪式时，却把重点放在各人自己的本分事上。所以，六祖强调说，在点香的时候，不要以为得到几炷香就得到了法身，必须认识法身的"香"是什么，法身的"香"就是戒定慧，就是解脱和解脱知见。这五分"真香"拿到后，用来"薰"自己，就可以把自己"薰"成佛。如果用外面的那些烟子来薰自己，则绝对成不了佛。

这一品是《忏悔品》，忏悔就是在佛面前忏悔自己的罪孽。但六祖这里与一般的忏悔不同，叫"无相忏悔"。忏，是对过去所犯的错误坦白承认，作自我检查；悔，是发心以后不再犯那些错误，作自我的保证。两者合起来，检查加保证就是忏悔。

忏悔有许多不同的仪轨，如大忏、小忏等。大悲忏就是念观音菩萨的《大悲咒》并磕多少个头来请求忏悔。如果自己力量不够，加上《大悲咒》或《楞严咒》，还可以加上《六字大明咒》等各种各样的咒，并拜佛、念佛等等。忏悔时在佛前当然要上香，六祖这里的意思是，不能注重外在的形式，应该上"真香"，这个"真香"就是"五分法身香"。

什么是"无相忏悔"呢？忏悔当然应该，但是必须懂得一切法空的道理，这样来忏悔，才有力，才彻底，才能得到解脱。畏于因果，你才会去忏悔，明白了礼义，你才会诚恳地忏悔。有的人问，既然讲一切法空，到底还有没有因果呢？我认为，正是因为一切法空，所以才有因果；如果一切法不空，那反而破坏了因果的必然。譬如一粒种子，如果它本性不空，那就完了，它永远都是一粒种子，就不会发芽、开花、结果。如果这粒种子风吹不进，水浸不进，那又怎能生长呢？所以，这粒种子必须性空，才能有所变化，才能发芽、开花、结果。这一点必须牢记，只有一切法空，才会有因果。西藏宗喀巴大师著过一本书，叫《菩提道次第》，该书的《观品》就是抉择一切法空的。宗喀巴非常强调这一点，这是佛法的正见，如果学习佛法能得到这一点，就算真正有所得了。所以"无相忏悔"就是要懂得一切法空的道理。

我们无始以来烦恼深重，罪孽深重，要想得到解脱，自然应坦坦白白地向佛承认错误。越是彻底承认自己的错误，就越能放下自己的烦恼，放下那个"人我"，"法我"，因此，忏悔一次远比自己闭上眼睛在那儿坐的力量大。认真忏悔的人再去静坐，妄想也自然会轻得多。

要知道，懂得一切法空的道理，你作无相忏悔，这个忏悔就干净彻底，你就会知道原来并没有什么东西叫烦恼，也没有什么东西叫罪恶。唐肃宗有一个宦官叫鱼朝恩，权势很大，连皇帝都怕他。唐肃宗请南阳忠国师入宫问法时，唐肃宗给忠国师介绍说："鱼朝恩也懂佛法。"于是鱼朝恩恭敬地问忠国师："何谓无明？无明从何而起？"忠国师看了看这位宦官，叹息一声说："国家怎么不困难，不混乱呢！连宦官这样的奴才，居然也有资格问佛法这样神圣的大道了。"鱼朝恩大怒。忠国师说："你不是在问无明吗？无明就是从这儿来的。"鱼朝恩于是很惭愧。大家听懂了吗？这一念火起，就是无明；若懂了，这一念消下去了，就是菩提。

忏悔一般分为事忏悔和理忏悔。事忏悔是在一定的时间，有一定的仪轨，对某些具体的事，在佛前进行忏悔。理忏悔是以佛法的道理来忏悔自己的罪恶，其中最重要的两个理是因果和一切法空。把自己的罪恶放在因果上，放在一切法空上进行忏悔，就是有的放矢，对症下药，也才能达到药到病除的效果；只有这样，你才能把那些恩恩怨怨、是是非非的东西放得下，也才能真正地进行忏悔。不然，口是心非，忏而不悔，悔而不改，改而不净，这样的忏悔有什么作用呢？

四弘愿与自性自度

善知识，既忏悔已，与善知识发四弘誓愿，各须用心正听：自心众生无边誓愿度，自心烦恼无边誓愿断，自性法门无尽誓愿学，自性无上佛道誓愿成。善知识，大家岂不道众生无边誓愿度？怎么道，且不是惠能度。善知识，心中众生，所谓邪迷心，诳妄心、不善心、嫉妒心、恶毒心，如是等心，尽是众生，各须自性自度，是名真度。何名自性自度？即自心中邪见烦恼愚痴众生，将正见度。既有正见，使般若智打破愚痴迷妄，众生各各自度。邪来正度，迷来悟度，愚来智度，恶来善度，如是度者，名为真度。又烦恼无边誓愿断，将自性般若智，除却虚妄思想心是也。又法门无尽誓愿学，须自见性，常行正法，是名真学。又无上佛道誓愿成，既常能下心，行于真正，离迷离觉，常生般若，除真除妄，即见佛性，即言下佛道成。常念修行，是愿力法。

四弘誓愿是每一个佛教徒的日常功课之一，我们每时每刻都要把愿力放在这上面，这可是大乘菩萨的精神啊！什么叫"自心众生"呢？没有你这个自性，对众生的认识从哪儿来呢？也不是说众生就是在你的心里，但外面的众生就是你的自性众生，没有你，哪个在承认他们是众生呢？既然三界唯心，万法唯识，这无量无边的众生离开了你的心吗？众生就是烦恼，我当然要度。所以说，外面的烦恼，就是自己的烦恼啊！要明白这绝不是两件事，这也是"不二"的。"自性法门无尽誓愿学"，不能沉空守寂，无论什么法门都可以学。一切智智嘛，有什么法在自性之外呢！学佛法，学世间法，乃至端公、巫婆、赌博等莫名其妙的东西都可以学一学。你既然会耍这些把戏，当然就可以度这一类的众生了。《观音普门品》说，应以什么身得度者，即现什么身为之说法嘛。佛教八万四千法门，加上种种度众生的方便，真是无穷无尽，都要学。正人学邪法，用正邪亦正，你怕什么！这里必须明白六祖的提持：无边的众生是自心，乃至无上的佛道也是自己的这个心、这个自性啊。佛道是无上的，但这个无上的佛道并不是高不可及的无上，就是我们的自性。如果你把那些"无量无边"的东西都放在外边，那么，"吾生也有涯，而知也无涯"，你又怎么能得到解脱，又怎么能度尽众生，又怎么能成佛呢？

　　现在丛林里念诵四弘愿，往往把"自性"二字去了。我认为还是按照六祖大师的方法才彻底，"自性"是不能丢的，不然，你凭什么来修行呢？有的人把世事看破了，遁入空门。出家当然不错，可别把众生忘了。四弘愿就是要面向于众生嘛。要断烦恼，就一定要在世间断，要在众生中断，不然你那个烦恼决断不了，这可是一回事，不是两件事。这一边是度众生，那一边就是度自己啊！譬如说不爱钱，若是身上一个钱都没有，嘴上说不爱钱不是空谈吗？若是自己身上腰缠万贯，结果全都布施了，这才真的是不爱钱。同样，心要放在众生上，不离众生，你的烦恼也才断得了，才能增长功德。六祖下面所说的愚痴迷妄，什么邪迷心，诳妄心、嫉妒心，恶毒心等等，一头是你自己，另一头就是众生，这可是不能分开的，所以六祖说："各须自性自度，是名真度。"认识了自己就是开悟，开悟就要见了般若，见了般若就是得到了解脱，这就是自性自度，没有什么比这更可靠更方便的法了。

　　再说一下"法门无尽誓愿学"，前面六祖大师开悟时不是说："何期自性本自俱足，何期自性能生万法。"但佛也不知道原子弹怎么造嘛，这怎么理解呢？我这里点一点："知之为知之，不知为不知，是知也"，这就是万法俱足，要切实记住，不然，这个万法俱足就会把你捆起，所以六祖说："须见自性，常行正法，是名真学。"见了自性，知道了一切法空，若不执著，就把一切法学完了。对于一切法，你执著也好，不执著也好，我晓得也好，你晓得也好，一切众生懂得了，就是我懂得了，这样，一切法就学完了。要好好体会这层意思，一切法，一切智智，不是凡夫的妄想，好像什么都必须懂完，世间的一切学问，一切财富都必须抓到手才行，那怎么得了，佛也办不到。你若真的有"知之为知之，不知为不知"的精神，又有"学而不厌，诲人不倦"的劲头，人类的聪明才智还他全人类，不要妄想抓在一个人手上，这样就"各正其位"了。所以，对万法俱足，对一切智智要有正确的理解。

无相三皈依和自性三宝

善知识，今发四弘愿了，更与善知识授无相三皈依戒。善知识，皈依觉，两足尊。皈依正，离欲尊。皈依净，众中尊。从今日去，称觉为师，更不皈依邪魔外道，以自性三宝常自证明，劝善知识，皈依自性三宝。佛者，觉也；法者，正也；僧者，净也。自心皈依觉，邪迷不生，少欲知足，能离财色，名两足尊。自心皈依正，念念无邪见，以无邪见故，即无人我贡高贪爱执著，名离欲尊。自心皈依净，一切尘劳爱欲境界，自性皆不染著，名众中尊。若修此行，是自皈依。凡夫不会，从日至夜，受三皈依戒。若言皈依佛，佛在何处？若不见佛，凭何所皈？言却成妄。善知识，各自观察，莫错用心，经文分明言自皈依佛，不言皈依他佛。自佛不皈，无所依处。今既自悟，各须皈依自心三宝，内调心性，外敬他人，是自皈依也。

　　一般学佛的人都知道三皈依，在寺庙里受了三皈依后，才算是正式的佛教徒了。有的佛学爱好者，喜欢佛教内的这样或那样，但没有受过三皈依，就算不上佛教徒。所以，三皈依是进入佛门的最基本的手续。你想成为一个正式的佛教徒吗？就必须到寺庙里去做三皈依的仪式。三皈依的对象是三宝。就是佛、法、僧这三宝。为什么叫"宝"呢！宝贵嘛，皈依了三宝，你就乘上了出离生死苦海的飞船，所以称之为"宝"。不皈依三宝，哪怕你修上了天，却不知断烦恼，出生死，只能是凡夫在六道中轮回。所以，只有佛法僧三宝能帮助我们出离生死苦海，这在佛教中是"决定义"，不是或可或无的，所以要进入佛门就必须皈依，办好组织手续，你才有了组织上的保证。

　　释迦牟尼佛创立了佛教，建立了佛法，成立了僧团，三宝都是释迦佛立的，我们学佛，学习佛法的根本保障和依据全是佛所指示的，我们自然要皈依佛。一佛、万佛乃至无量无边的佛，佛佛同体，皈依了释迦佛，也就皈依了阿弥陀佛，皈依了文殊菩萨、观音菩萨。皈依了佛，佛用什么来帮助你出离生死呢？那就是佛说的法。你用佛说的法来指导修行，就可以出离生死，所以要皈依法。但是释迦佛已涅槃了两千多年了，其他的佛我们更没有见到，怎么办呢？不要急，还有僧，僧是代表佛在世间住持正法、宣传正法的，所以要皈依僧。什么是僧呢？一个出家人不能算是僧，他可以是一位比丘，一位比丘尼，可以是一位罗汉，也可能是菩萨，但不能算是僧。僧是梵语僧伽的省称，翻译过来叫僧团，或法团，必须是三个以上比丘一起修行所组织的法团，也就是一个佛法的团体。对某个出家人是不能称之为僧的，不过现在大家习惯了，对单一的出家人也称之为僧。出家人也自称"贫僧"，"山僧"，这在法相上是讲不通的。皈依僧，真正说来要见道以上的才值得皈依，小乘要初果以上，大乘要登地菩萨以上，这些才是真正的僧宝啊！

有的修行人，虽未彻底出离生死，但对出生死的法懂了，见了道，见与佛齐，这样的修行人实在难找。其次是发了菩提心的比丘，他的愿是真的，他不仅自己努力修行，争取成佛，还要帮助一切众生成佛，这样的比丘也不多见。还有就是能守好戒律，三业清净的比丘，这样的出家人，都值得我们去皈依，去供养。

皈依不是一件小事，你了不起，我尊敬你可以，佩服你可以，绝谈不上皈依。皈，是归老家，即自己的最终归宿；依，是依止，依靠，生生世世都需要的依靠。所以，只有三宝才可以作为我们皈依的对象。三宝的境界即我们最后结果的境界，也就是道。一个世间烦恼深重的人发心皈依也是不容易的，所以皈依也不是件简单的事，而是人生最大的事。以上是对三皈依的一般讲法，而禅宗对此有自己的特殊性。

六祖在这一段里讲的三皈依，是以禅宗自己的特点和道理来讲的。有的人认为六祖这种讲法不对，是取消三皈依了。不能这样认为，六祖是针对唐代当时佛教的一些弊病而作了这样的开示的。那时一般的人都热衷于理论的研究，疏忽了修行的实践。六祖对症下药，扫荡了那些虚浮琐碎的东西，他讲的都是要大家回过头来，从自己身上做起，从自己本性上下手。《坛经》全讲的这个内容。如果前面讲的大家真正懂了，那么六祖这里的"无相三皈依戒"也就不难理解了。

六祖大师的种种的方便，让你自己和佛搭上关系，佛者觉也，觉悟了就是佛。释迦牟尼在菩提树下觉悟了，成了佛。我们如果也觉悟了，难道就不是佛吗？六祖大师反复强调的是"自修，自行，自成佛道"，强调"前念迷即凡夫，后念悟即佛"，所以这里强调"皈依觉"，就是要让你知道自己的觉性也是与佛无二的。皈依佛当然对，但把什么责任全推到佛身上，自己一点不用功，佛也度不了你。所以皈依觉，一方面是皈依佛，另一方面就是要把自己的觉唤醒。自己的觉不唤醒，尽管受了三皈依戒，你还是不能了生死的。所以六祖进而以"自心皈依觉"、"自心皈依正"、"自心皈依净"，这样的方式，来疏通被"愚迷"、"烦恼"所窒塞了的心性，真是滴滴归源，丝毫不爽。这一切，全都纳入了"无相"的自心自性之中，落实在每一个具体的人上，就使佛与众生贴近了，大家也才感到修行、解脱的可靠。只有禅宗，才有如此直捷的方便："劝善知识，皈依自性三宝"，你自己就是三宝，不给点出来你不知道。佛者觉也，你觉到了吗？现在大家在这儿听佛法，这就是觉，佛就是凭这个觉而开悟成佛的。西藏喇嘛们常常辩论什么是佛教徒？皈依三宝就是佛教徒了。但释迦佛又皈依谁呢？当然六祖大师可以回答，皈依自性三宝嘛！但我还没能看见其他人能作如此的回答。他们说释迦佛这辈子没有皈依，但前生前世皈依过迦叶佛、燃灯佛。但迦叶佛、燃灯佛又皈依谁呢？推到最早的佛呢，那最早的第一任佛又是皈依谁呢？这样无穷尽地推下去太困难了。在六祖这儿，"皈依自性三宝"就截断了，人人都有三宝，人人都可以自己皈依自己。这是禅宗的特色，懂了这点，其他的就不难了。

三身佛在自性中

善知识，既皈依自三宝竟，各各志心，吾与说一体三身自性佛，令汝等见三身，了然自悟自性。总随我道：于自色身皈依清净法身佛，于自色身皈依圆满报身佛，于自色身皈依千百亿化身佛。善知识，色身是舍宅，不可言皈，向者三身佛，在自性中，世人总有。为自心迷，不见内性，外觅三身如来，不见自身中有三身佛。汝等听说，令汝等于自身中见自性有三身佛。此三身佛，从自性生，不从外得。

何名清净法身佛？世人性本清净，万法从自性生。思量一切恶事，即生恶行；思量一切善事，即生善行。如是诸法在自性中，如天常清，日月常明，为浮云盖覆，上明下暗，忽遇风吹云散，上下俱明，万象皆现。世人性常浮游，如彼天云。善知识，智如日，慧如月，智慧常明，于外著境，被自念浮云盖覆自性，不得明朗。若遇善知识，闻真正法，自除迷妄，内外明彻，于自性中万法皆现，见性之人，亦复如是，此名清净法身佛。善知识，自心皈依自性，是皈依真佛。自皈依者，除却自性中不善心、嫉妒心、谄曲心、吾我心、诳妄心、轻人心、慢他心、邪见心、贡高心，及一切时中不善之行，常自见己过，不说他人好恶，是自皈依。常须下心，普行恭敬，即是见性通达，更无滞碍，是自皈依。

何名圆满报身？譬如一灯能除千年暗，一智能灭万年愚。莫思向前，已过不可得；常思于后，念念圆明，见自本性。善恶虽殊，本性无二，无二之性，名为实性。于实性中，不染善恶，此名圆满报身佛。自性起一念恶，灭万劫善因；自性起一念善，得恒沙恶尽。直至无上菩提，念念自见，不失本念，名为报身。

何名千百亿化身？若不思万法，性本如空，一念思量，名为变化。思量恶事，化为地狱。思量善事，化为天堂。毒害化为龙蛇，慈悲化为菩萨，智慧化为上界，愚痴化为下方。自性变化甚多，迷人不能省觉，念念起恶，常行恶道。回一念善，智慧即生，此名自性化身佛。

善知识，法身本具，念念自性自见，即是报身佛；从报身思量，即是化身佛；自悟自修自性功德，是真皈依。皮肉是色身，色身是宅舍，不言皈依也。但悟自性三身，即识自性佛。吾有一无相颂，若能诵持，言下令汝积劫迷罪，一时消灭。颂曰：

迷人修福不修道，只言修福便是道。

布施供养福无边，心中三恶元来造。

拟将修福欲灭罪，后世得福罪还在。

但向心中除罪缘，各自性中真忏悔。

忽悟大乘真忏悔，除邪行正即无罪。

学道常于自性观，即与诸佛同一类。

吾祖唯传此顿法，普愿见性同一体。

若欲当来觅法身，离诸法相心中洗。

努力自见莫悠悠，后念忽绝一世休。

若悟大乘得见性，虔恭合掌至心求。

师言："善知识，总须诵取，依此修行。言下见性，虽去吾千里，如常在吾边。于此言下不悟，即对面千里，何勤远来，珍重好去。"一众闻法，靡不开悟，欢喜奉行。

在佛教中，的确有许多东西需要抉择，如六祖这里讲的三身佛，就与教下讲的有很大的不同。一般人听到开悟两个字，立刻会问，他开悟了，有没有神通呢？起报化没有呢？在成都，以前对这个问题就有很大的争论，有的说一悟便了；有的说悟了还不行，还要继续修报身、化身。这里讲一段故事：抗日战争时期，虚云老和尚在重庆主持"救国息灾法会"，成都佛教界推举昌圆老和尚和袁焕仙居士到重庆去礼请虚云老和尚到成都说法。昌圆老和尚因故没有去，后来就由袁先生去请。当时国民政府在法会上负责的是考试院长戴季陶，袁先生想通过戴季陶请虚云老和尚到成都。戴季陶说："虚老年事太高，可能不方便。"袁先生在禅宗上是一位有见地，而且还颇有英雄气的人物，他说："虚老来不来是他的事，请不请是我的事，他既然开了这个店子，我就去搭铺，价钱不合适就各走各，合适就成交。"袁先生顶礼虚云老和尚后就呈本分作略，说："成都参禅的有三种人须要救：一种人认为悟后必修；一种人认为一悟便了；还有一种人认为修即不修，不修即修。请老和尚垂慈简别。"虚云老和尚的回答是："天下乌鸦一般黑。"后来大家都是"王顾左右而言他"，把话题叉开了，没有下文。袁先生当时就来信给我介绍了这些情况，看这封信时，住在刘亚休先生家的湖北大愚和尚也在场。大愚和尚说："袁老居士的问话问得好，虚老的答话也不错，但虚老作为一代宗师，似嫌下刃不紧。若是我，就会问袁老居士，你是这三类中的哪一类呢？这样才会狭路相逢，各呈手眼。"大愚和尚在宗门中也是很有见地的人，他感到虚云和尚应机不紧。这是就宗门的机锋而言，不得作实法会。扣实而言，我自己的体会是悟后必修，不过悟后的修不同于悟前的修。悟后不修的大概只有释迦牟尼这样的类型，此外的都应该修。如下面公案所说：

在唐代，有个学人问长沙岑禅师："现在的宗师、善知识们证得涅槃没有呢？"长沙岑禅师反问他："你问的是因中涅槃，还是果上涅槃？若是因中涅槃那就见与佛齐，一切万法莫不俱足；若说果上涅槃，那就功德不够，还达不到。"圭峰宗密大师在《禅源诸诠集都序》中说到两种顿悟，一是逐机顿，一是化仪顿。禅宗内的开悟属于逐机顿，只有释迦佛在菩提树下那一悟是化仪顿。圭峰大师认为"逐机顿"是顿悟，但仍然需要修的。所以开悟后，见到了自性本自清净，本不生灭，本自具足，本不动摇，能生万法。但这一切都是在因地上，并不是在果位上就与佛一样了。在禅宗史上，从《景德传灯录》、《五灯会元》，到清代的《五灯全书》，在数以千计的祖师中可以看到，他们的悟入是有深浅的，其中真正大彻大悟的人并不多。《金刚经》说："一切圣贤皆以无为法而有差别"，意思就是说，虽证了无为，但有深浅的不同，四果、四向就是依此而建立的。希望大家在实践上能充分认识这一点，只要我们把真种子种下去了，再勤加耕耘，以后自会开花结果的。

什么是三身佛呢？就是佛的清净法身、圆满报身和百千万亿化身。佛教认为，只要成了佛，必然就会具备这三身。但六祖这里讲的是"一体三身自性佛"，要成佛，离不开你那个自性，法报化这三身，也离不开你那个自性，离开了这个自性，你凭什么去修行，去开悟，去成佛呢？我们学佛是为了成佛，但要成佛，就不能到外面去寻觅，必须在自己的自性上下手，这里要看到六祖立法的精要啊！

宋代成都有个姓范的县太爷，是圆悟克勤的弟子，常常去请教圆悟。有一次他对圆悟说："老和尚开个方便，指示一下入门的捷径。"圆悟说："好，你就去参'不是心，不是佛，不是物，是什么'这一个话头。"那位县官参了一段时间参不出个名堂，就到圆悟那儿哭，说："太难了，我参不透，和尚另给一个方便吧！"圆悟说："我这里正好有一个极其简便的，你好好参。"圆悟对他说："记住，就是那个'是什么'。"这位县官言下大悟："呀！这么近啊！"要知道，就是这个东西，结果离我们竟然是如此之近，近得不隔分毫，三身佛结果就是我们的自性。

"此三身佛，从自性生，不从外得"。法身、报身、化身这最为崇隆的境地，不仅佛具有，一切众生都具有。要知道，一切众生皆有佛性，皆可成佛，绝不是一句口号，或仅局部片面的使用，这是真理，可以放在佛教的任何法相之中作为纲领。"皆有佛性，皆可成佛"，就是在因位上讲，这个佛性，如果不包括三身，就不是圆满的。可成佛的佛性，是决定包括有法报化三身在其中。我们谈皈依，佛分三身，每一身都是我们皈依的对象。但三身即自性，实际上是自己皈依自己的自性。

六祖下面说的很重要，可以说是点睛之语："何名清净法身佛？世人本性清净，万法从自性生。思量一切恶事，即生恶行；思量一切善事，即生善行。"对这句话，万不可等闲视之。有人会问：清净法身这么好，又是清净的，怎么还可以做恶事，生恶行呢？王阳明说得好："无善无恶心之体，有善有恶意之动。"自性是清净的，本来没有什么善恶，但在因位上，你的那个念动一动，的确是有善有恶的。正如六祖自己的比喻一样，天本来是清净的，日月本来是明的，但浮云一来，就遮住了，天也不清，日月也不明了；忽然风把浮云吹散，天还是清的，日月还是明的。所以，我们自性本来是清净的，因为那些无明烦恼一来，就把自性遮障了。你若用功修行，把无明烦恼扫除了，本来面目就现了，自性清清净净，连动都未动一下。要知道，在这里清净是自性，无明烦恼是自性，扫除无明烦恼的力量也是自性，统统全是你自己。再进一步，法身、报身、化身还是你自己。这个自性真是妙不可言，能善能恶，能大能小，能上能下，简直是自由自在的。如果自性只能善，不能恶；或只能恶，不能善，那么这个自性就不完满，就不自由，就是一个有缺陷的东西。当然，这是禅宗的讲法，大乘圆教是这样的讲法，唯识学家们则不同意。唯识学认为善恶是各有其种子的。

一个人是具备万法的，譬如我贾题韬，在我父亲面前是儿子，在我儿子面前我是老子；在我老师面前我是学生，在我学生面前我是教师……我还可以好，可以坏，一会儿高兴，一会儿发愁，等等等等，无穷无尽。正因为自性万法俱足，也才有丰富的人生，也才有六道轮回，也才有天堂地狱，也才有菩萨罗汉。如果用孟子的话说"性本善"；或用荀子的话说"性本恶"，都把这个性说死了、局限了、不丰满了。所以善恶等一切相对的"二"，是自性本体的作用，在本体上是不能谈"二"的。但既有这个体，它的作用就无穷无尽了。

以前成都有的修行人说，得了法身就还要用功，要抓紧时间修报化，不能法身见了而报化不转。这是外行话，法报化是自性的一体三宝，是一回事，说什么见法身，转报化呢！我认为他们是报化没有转，法身也没有见。在六祖大师《坛经》里，哪里看得到见了法身，还在修报化的说法呢？所以，学禅宗就要真正认识禅宗到底是怎么回事，不能听别人瞎吹把心吹花了。

六祖在后面"机缘品"中还说："清净法身，汝之性也；圆满报身，汝之智也；千百亿化身，汝之行也。"简直明白之极，所以不要以为在外面有个佛，佛才具有三身。就我们自己就具备三身，我们的自性，本来就是清净法身，明白了万法皆空的道理，开悟了，见了道，你就得到了圆满报身；然后你广修六度，普作万行，就是百千亿化身。大家都有清净法身，为什么自己看不见呢？是无明遮障了嘛！"一灯能除千年暗，一智能灭万年愚"。一开悟，自性般若之光透出，这些全都扫除了。所以大家要用功，要实践，要当下得受用。有了这个，你就会见到自己的法身，也具有了自己的报身。不是离开我们自己别有个什么法身、报身。就我们现在的自己就是法身、报身。那什么是化身呢？六祖也讲清楚了，你念头一起，东想西想、天南海北，过去，现在，未来，十方都想遍了，那就是千百亿化身啊。你想，几十年来，大家从早到晚，所作所为，有好多念头啊！可以说有恒河沙数那么多吧！这些念头不是别的，全是你自己。

当然，有的人是不会同意禅宗的这些说法的，他们会问，你真的成了佛呢，你能呼风唤雨吗？你有三身四智五眼六通吗？许多学禅宗的面对这样的问题难以对答，也难怪他们，若承认自己是佛，自己又有那么多烦恼，自己又那么无能，当然不敢承当。要讨论这样的问题，教下热闹得很，三藏十二部有关的论述极为丰富，要看要学都可以，又何必学禅宗呢？要学禅宗，就必须接受禅宗的特点和方法，就必须透过这一关，要敢于有勇气承当。透过了这一关，法报化三身都是多事，大家记住这个话，到了以后你有所证悟了，你才明白这一点也不假。所以禅宗可以说什么东西都没有，却只有一条：提醒并帮助你自己认识自己，提醒和帮助你开悟。"吾祖唯传真顿法，普愿见性同一体"。这就是祖师们的心愿。

这里再提示一句，六祖说："若于当来觅法身，离诸法相心中洗。"什么是法身，法身无相，离一切相就见法身了，万法皆空就见法身，应无所住就见法身了。所以，法身不是在外面寻觅的，只要你能把心如上所说的洗干净，这个心本身就是法身。注意，没有离相，还有执著，你的心是洗不干净的。

机缘品第七

在禅宗的灯录里，机缘有其独特的意义。"机"是指那些来参学的人各自的程度不一样，学问背景不一样，根性的利钝不一样。而教师则要根据各人不同的情况善于接引，两者一扣，就是"机"。两人相见投机不投机，大约就有这个意味。投了机，合了缘，参学的人达到了目的，教师也完成了任务。这不是一件容易的事，用佛教的话来说就是"有缘"，所以叫"机缘"。《机缘品》特别重要，不弄懂这一品，以后你看《五灯会元》一类的书就没有办法。你若懂了这一品，你再看祖师们的机锋转语、行棒行唱等种种作略，就不会茫然了。在这一品中，你看六祖用了哪些方便接引了哪些不同根器的人，同时我们也可以对照自己，看看自己是什么样的"机"，应该遇什么样的缘。更重要的是指出了应怎样用功。这一品的内容较多，或许某一机缘的情形与你相近，你就可以看看他们是怎样开悟的，六祖大师又是怎样教授他们的。这里面涉及禅宗真正修持的问题，涉及禅宗内师徒之间授受关系和方法的问题。

有的学者认为宗宝本的《机缘品》较敦煌本充实了不少内容，故说这不是六祖的原本。我认为，添得好就等于是六祖说法，并且这些内容与前面六祖所讲的那些是一致的。根据这些具体的实例把六祖的思想表现得更加明确岂不更妙！从六祖的传记中，从其他禅师的有关记载中以及传闻的那些事例记集成一品也很不错，六祖前面的那些主张，通过对这些人的开示，其精神才更加明了，更加深刻，所以，对这一品，必须好好地体会。

诸佛妙理，非关文字

师自黄梅得法，回至韶州曹侯村，人无知者。时有儒士刘志略，礼遇甚厚。志略有姑为尼，名"无尽藏"，常诵《大涅槃经》。师暂听即知妙义，遂为解说。尼乃执卷问字，师曰："字即不识，义即请问。"尼曰："字尚不识，焉能会义？"师曰："诸佛妙理，非关文字。"尼惊异之，遍告里中耆德云："此是有道之士，宜请供养。"有魏武侯玄孙曹叔良及居民，竞来瞻礼，时宝林古寺自隋末兵火已废，遂于故基重建梵宇，延师居之，俄成宝坊。师住九月余日，又为恶党寻逐，师乃遁于前山，被其纵火焚草木，师隐身挨入石中得免。石今有师趺坐膝痕及衣布之绞，因名避难石。师忆五祖怀会止藏之嘱，遂行隐于二邑焉。

许多对禅宗不了解，或了解不深的人，常对禅宗的一些主张发生误解，这里"诸佛妙理，非关文字"，到底是什么意思呢？一个毫无学问、连字也认不了的人怎么能够理会佛经中博大精深的奥义呢？佛的三藏十二部都是文字，怎么会与诸佛的妙理无关呢？种种疑问，种种非难，都有他们的道理。但禅宗也有禅宗的道理，六祖一开始就说，"但用此心，直了成佛"，后来又说"自修、自行、自成佛道"，除了劝大家诵读《金刚经》外，的确没有多少关于文字理论发挥。我们已经在前面谈到，在唐代佛教理论极为繁荣，到处都在讲经，但却忽视了修行的实践。我们为什么要学佛呢？是为了了生脱死，佛教理论可以帮助我们修行而达到目的。但许多学佛的人却把理论当作目的，如同现在有的人为了拿到硕士、博士学位而学习，而把最终的目的给忘了，把理论当作一切，而在实际的证悟上毫无所觉。针对这种状况，禅宗才提出了"不立文字，教外别传，直指人心，见性成佛"的口号。下面举个公案让大家回味，也许能引起大家的兴趣：

唐代夹山和尚，先是一位法师，早就领众说法了。有一次讲经时，有人问他什么是法身、法眼，他回答说："法身无相，法眼无瑕。"唐代讲学之风极盛，不论是法师或禅师，讲经说法时都会遇到公开的提问，并引起现场辩论，这是很好的学习风气。依教下来讲，夹山的回答是圆满的，可以得一百分，但却引起了下面的一个和尚——著名的道吾禅师的哂笑。夹山很虚心，他想，我的回答没有错，但别人笑我，总有他的道理吧，于是马上去请教。道吾说："你回答也没有什么不对，但只是没有遇到真正的老师。"夹山自己心里明白，他说法身无相,三藏十二部读完了也只能如此说,自己也不过捡了个现成答案,到底什么是法身,这个法身有相没相,他自己也弄不清楚。——当时许多法师讲经,都存在这样的情况。这里大家就应注意了,诸佛的妙理,到底与文字有关呢,还是无关呢?夹山请道吾开示,道吾说:"你的法缘不在我这里。离这儿不远有个华亭,江上有个船子和尚可以作你的老师。你去时不能小看他,他虽然上无片瓦,下无立锥之地,但却可以成为你满意的老师。"

夹山是个有心的人,他把自己的道场散了,独自一人赶到华亭,在江边找到船子和尚。船子问他:"你住哪个庙子呢?"夹山也的确不凡,一回答就是双关语:"寺即不住,住即不是。"大概夹山对《金刚经》有体会,见了船子和尚就打起机锋来了。一般爱看灯录的人都会说几句禅机,连《红楼梦》的宝玉、黛玉、宝钗、妙玉都会,但是否就开悟了呢?当然没有。所以船子和尚马上就紧逼他一句:"不是,又是个什么?"夹山是有根底的人,他说:"不是目前法。"船子和尚笑了笑,说:"你是从哪里捡来的这些虚头套语?"夹山又回答说:"非耳目之所能到。"对一般的人来讲,夹山回答的这些也是高妙难懂的,不是大行家,还会认为夹山早已开悟了。但船子和尚脸一沉,说:"一句合头语,万世系驴橛。"注意,合头语就是正确的答案,但恰恰是这个正确的东西,却是长长栓系你、障碍你的绳索和牢笼啊!从这个意义来讲,诸佛妙理到底与文字有关还是无关呢?所以,对真理的探索,一定不要停留在一个现成的，哪怕是正确的答案上，要自己完成对真理的认识。所谓正确的东西，往往比错误的东西更能蒙蔽你。

船子和尚再不与夹山摆弄口舌了，他把桡竿一举，问："垂竿千尺，意在深潭，离钩三寸，子何不道？"这是什么意思呢？又该如何回答呢？夹山还没有回过神来，船子和尚一挠竿就把他打落下水，又把他从水里拉上船。夹山这时惊魂未定，船子和尚又接二连三地催他："你赶快回答嘛！"夹山也不知该回答个什么，刚要开口，船子和尚又打。这么一打，夹山豁然开悟，于是不自觉地点头三下。注意，这时夹山并没有说什么，但船子和尚却满意地说："竿头丝线从君弄，不犯青波意自殊。"这下夹山真的懂了，马上问："抛纶掷钩，师意如何？"船子说："丝浮绿水，浮定有无之意。"夹山马上接着说："语带玄而无路，舌头谈而不谈。"这里，诸佛妙理到底与文字有关还是无关呢？这一下，船子和尚赞许说："钓尽江波，金鳞始遇。"——我在这儿钓了那么多年，今天才钓到一条龙。但夹山此时反而掩耳不听，船子这一下才真正印可了他，说："如是、如是。"——就该这样啊！这样就了结了吗？不！夹山开悟后，船子和尚还嘱咐说："你今后要'藏身之处没踪迹，没踪迹处莫藏身'。"这里就进入了禅宗的保任功夫了。第一步要把自己身语意三业的活动化解得无踪无影，也就是真正体证一切法空。第二步连这个无影无踪也要化解干净，不能陷在里面出不来，也就是不要执著于空，连这个空也必须空掉。大家注意，三藏十二部中有这样的问，有这样的答吗？这是禅宗特有的方法，就是"直下成佛"，就是"言语道断"、"言下顿悟"。再看下边：

夹山开悟了，告别船子行路，不知怎么的，好几次回过头来看他的老师。船子知道他心中还残留有一些疑问，说："不要以为离开这个还有别的什么。"于是就翻船落水，再也没有起来。而这一次，夹山就死心塌地，头也不回就走了。开悟的人是可以不要命的，船子和尚为了断夹山的疑，敢于把命都舍了。憨山大师对此曾有拈提说，假如夹山那时还停留在文字知解上，船子如何为他舍得命来！你要看他得，得的是什么；传，传的又是什么；这又是什么样的老师。你们这些老师为弟子舍得性命吗？夹山得到的是超生命的东西，船子和尚才舍得以命相授。夹山回去后，独自在山中闭关十多年，刻苦修行，长养圣胎，然后才又出世说法。道吾又派弟子去试探他，问答仍然是"如何是法身？""法身无相！"道吾于是说："这汉此回彻也！"同样的问，同样的答，第一次不对，第二次却对了，逻辑上，这怎么讲得通。其实，问题不在表面的文字上，而在夹山的心上。夹山第一次答话，答虽对了，但心里却不知道到底对不对。第二次答话，不仅答对了，心里也知道是对的。这个"对"，不是从逻辑判断和演绎中推理而来，而是从"直了"和"见性"中来。这是禅宗和佛教其他宗派在修行方法上的一个界线。所以在佛教中，传，传的什么？悟，悟的什么？只有在禅宗内才有这样的答案。诸佛妙理，到底与文字有关还是无关呢？大家可以用自己的心来参一参。

即心即佛和开佛知见

僧法海，韶州曲江人也，初参祖师。问曰："即心即佛，愿垂指谕。"师曰："前念不生即心，后念不灭即佛；成一切相即心，离一切相即佛。吾若具说，穷劫不尽。听吾偈曰：

即心名慧，即佛乃定。

定慧等持，意中清净。

悟此法门，由汝习性。

用本无生，双修是正。"

法海言下大悟，以偈赞曰：

即心元是佛，不悟而自屈。

我知定慧因，双修离诸物。

僧法达，洪州人，七岁出家，常诵《法华经》。来礼祖师，头不至地。祖呵曰："礼不投地，何如不礼。汝心中必有一物，蕴习何事耶？"曰："念《法华经》已及三千部。"祖曰："汝若念至万部，得其经意，不以为胜，则与吾偕行。汝今负此事业，都不知过。听吾偈曰：

礼本折慢幢，头奚不至地。

有我罪即生，亡功福无比。"

师又曰："汝名什么？"曰："法达。"师曰："汝名法达，何曾达法？"复说偈曰：

汝今名法达,勤诵未休歇。

空诵但循声,明心号菩萨。

汝今有缘故,吾今为汝说。

但信佛无言,莲花从口发。

达闻偈,悔谢曰:"而今以后,当谦恭一切。弟子诵《法华经》,未解经义,心常有疑,和尚智慧广大,愿略说经中义理。"师曰:"法达,法即甚达,汝心不达;经本无疑,汝心自疑。汝念此经,此何为宗?"达曰:"学人根性暗钝,从来但依文诵念,岂知宗趣。"师曰:"吾不识文字,汝试取经诵一遍,吾当为汝解说。"法达即高声诵经,至《譬喻品》,师曰:"止,此经元来以因缘出世为宗,纵说多种譬喻,亦无越于此。何者因缘?经云:诸佛世尊,唯以一大事因缘故出现于世。一大事者,佛之知见也。世人外迷著相,内迷著空,若能于相离相,于空离空,即是内外不迷。若悟此法,一念心开,是为开佛知见。佛犹觉也,分为四门:开觉知见,示觉知见,悟觉知见,入觉知见。若闻开示,便能悟入,即觉知见,本来真性而得出现。汝慎勿错解经意,见他道开示悟入,自是佛之知见,我辈无分,若作此解,乃是谤经毁佛也。彼既是佛,已具知见,何用更开。汝今当信佛知见者,只汝自心,更无别佛。盖为一切众生,自蔽光明,贪爱尘境,外缘内扰,甘受驱驰。便劳他世尊,从三昧起,种种苦口,劝令寝息,莫向外求,与佛无二,故云开佛知见。吾亦劝一切人,于自心中,常开佛之知见。世人心邪,愚迷造罪,口善心恶,贪嗔嫉妒,谄佞我慢,侵人害物,自开众生知见;若能正心,常生智慧,观照自心,止恶行善,是自开佛之知见。汝须念念开佛知见,勿开众生知见。开佛知见,即是出世;开众生知见,即是世间。汝若但劳劳执念,以为功课者,何异犛牛爱尾?"达曰:"若然者,但得解义,不劳诵经耶?"师曰:"经有何过,岂障汝念?只为迷悟在人,损益由己。口诵心行,即是转经;口诵心不行,即是被经转。听吾偈曰:

> 心迷《法华》转,心悟转《法华》。
>
> 诵经久不明,与义作仇家。
>
> 无念念即正,有念念成邪。
>
> 有无俱不计,长御白牛车。"

达闻偈,不觉悲泣,言下大悟,而告师曰:"法达从昔已来,实未曾转《法华》,乃被《法华》转。"再启曰:"经云:诸大声闻乃至菩萨,皆尽思共度量,不能测佛智。今令凡夫但悟自心,便名佛之知见,自非上根,未免疑谤。又经说三车,羊鹿牛车,与白牛之车,如何区别?愿和尚再垂开示!"师曰:"经意分明,汝自迷背,诸三乘人,不能测佛智者,患在度量也。饶伊尽思共推,转加悬远。佛本为凡夫说,不为佛说。此理若不肯信者,从他退席。殊不知坐却白牛车,更于门外觅三车。况经文明向汝道,唯一佛乘,无有余乘,若二若三,乃至无数方便,种种因缘,譬喻言词,是法皆为一佛乘故,汝何不省,三车是假,为昔时故;一乘是实,为今时故。只教汝去假归实,归实之后,实亦无名。应知所有珍财尽属于汝,由汝受用,更不作父想,亦不作子想,亦无用想,是名持《法华经》,从劫至劫,手不释卷,从昼至夜,无不念时也。"达蒙启发,踊跃欢喜,以偈赞曰:

诵经三千部,曹溪一句亡。

未明出世旨,宁歇累生狂。

羊鹿牛权设,初中后善扬。

谁知火宅内,元是法中王。

师曰:"汝今后方可名念经僧也。"达从此领玄旨,亦不辍诵经。

这一段中,有两则机缘。先谈谈法海的机缘。"即心即佛"、"前念不生即心,后念不灭即佛",一般学禅宗的对这些语言都较为熟悉,但也感到困惑。尽管许多人都赞成"即心即佛"、"心即是佛",但这种赞成,只是停留在理论上,而在实践上,特别是对自己,极少有人敢于如此承当。前面曾谈到了"自心三皈依"和"自性三身佛",这里通过对"即心即佛"来相互贯通。

什么是"即心即佛"呢?六祖说:"前念不生即心,后念不灭即佛。成一切相即心,离一切相即佛"——前念不生,后念不灭,就可以看到你的心体了。念头起过后,你不要去追。它已经过去了。这个念头虽然过去了,但你这个心是否就不存在了呢?前念虽然过去了,但你自己还在嘛,过去的已经过去了,为什么还有个东西没有过去呢?下面我们看一则公案:

百丈禅师随马祖学习时，有一天去郊游，听见一群野鸭子叫，马祖问："这是什么东西在叫呢？"百丈说："是野鸭子。"过了一会儿，马祖问："刚才那个声音到哪里去了呢？"百丈说："飞过去了。"——前念已去，这个公案的锋刃就出来了。马祖过来把百丈的鼻子狠狠一扭，百丈痛得大叫一声，马祖说："你又道飞过去也。"——这一念还在不在，灭不灭呢？你看，百丈就在这儿悟入。这个公案是"前念不生即心，后念不灭即佛"的最好注解。前念不生，已经过去了的，还生什么呢？即心啊，这里你才是最好认识你自己的时候，如果你随着前念过去，就完了。所以百丈说"飞过去也"时，马祖当下指点，用扭鼻子的方式让百丈体会到自己的本性动都没有动。如果用讲道理的方式讲，也不难懂，但不易得受用，因为体验不深。像马祖这样当时指点，而且把你弄痛，你的感受才深刻。这就是禅宗教人的方法，在生活实际中指点，使你当下省悟，见自己的本性。所以念头虽然过去了，你的心并没有随之过去，后念也并没有断啊！一切相没有这个是不能成的。成一切相，又离一切相，还包括了全体大用，才能成它。洞山在《宝镜三昧》中说："渠今正是我"——即一切相，成一切相嘛！没有"我"，一切相不成立。我看到颜色了，即一切相，"渠今正是我"。但从本体来说，本体就是颜色吗？所以还必须"我今不是渠"，同时又离一切相。所以"应须恁么会，方得契如如"。所以法说近，也近得很。我这样讲，遇到祖师们非打我不可，因为泄露了天机。但说是说了，又有几个人能于此言下大悟呢？为什么呢？都做道理理会了嘛，真可惜。所以要明白，本性不因为前念一过就断了，前念、后念都只是本性的作用而已，你若见了这个道理，就把生死了了。"成一切相即心"，一切事物的来去变化全在于你的念头，而这个来去变化就是生死啊！"离一切相即佛"。在来去变化的一切事物中，在这些念头中，你能看到自己动都未动的本性，不执著于那些来去变化，知道这些都是空，"离一切相"，那你才知道你就是佛啊！

下面来看法达这则机缘，大家应反复多看几遍。《法华经》在中国很受欢迎，历来讲《法华经》的人很多，但我认为六祖大师在这里是讲得最好、最为透彻。什么是《法华经》呢？学佛的人都知道，这部经的全名是《妙法莲华经》。《法华经》在佛教中极为重要，因为这是佛在最后、临近涅槃时所讲的。佛说了四十九年的法，说了很多很多，所以在表面上看，先后所说的法就有些不一致的地方，最明显的就是大乘法和小乘法上的差别。佛说《法华经》，就是要解决这些问题，要弟子们不要局限和满足于以前学的，还有更高更高的法啊！佛初说法时，因众生的根性不够，怕大家理解不了，所以以种种的方便，结合各种不同的根性，说了种种的法。但现在要作总结了，要把以前所讲的法归纳一下，算个总账，并且把佛的最根本的法说出来。天台宗对《法华经》最有研究，并依据《法华经》作了五时判教，也就是把佛在不同时期说的种种法作了归纳，最高的就是《法华经》。因为在《法华经》里，三乘教义都有了归宗之处，用天台宗总结的几点就是："开权显实，开迹显本，会三归一，纯圆独妙。"这是什么意思呢？就是说，佛以前所说的法，是权宜随机而说的，而在《法华经》里才说的是最真正实在的法，最根本的法。在这个法里，大乘、小乘、无上乘都归宗于此，所以是最圆最妙的，其他法都不可以与它相比。的确是这样，因为这部经是专门讲如何成佛的呀！在这一层意义上讲，佛所说的一切，都是一乘法，没有什么三乘法，只是因为众生的根器不同，所讲的深浅有所不同而已。

机缘机缘，下面简单谈一谈对机。祖师们接引参访的人叫接机。你看法达来礼六祖，头不着地，六祖马上呵斥他"头不著地，何如不礼，汝心中必有一物"，这也是接机。接机不简单，洞山《宝镜三昧》说："意不在言，来机亦赴。"参学的人一来，你就要把他认识到，发出的话，就要刚好对在他心里去，刚好对着他的病处，所以禅宗的答话，并不是随便的。六祖一见法达头不著地，就知道他毛病在哪儿，应该从哪儿下手。有这种手眼的老师是太少了啊！宗门里有个话叫"啐啄同时"，学生好比鸡蛋里要孵出来的小鸡，老师好比母鸡，小鸡要从蛋壳里出来了，在里面啄，母鸡呢，在外面啄。这里母鸡那一啄很关键，啄早了不行，小鸡还没有成熟；啄迟了也不行，小鸡出来不了就会闷死在蛋壳里，所以必须"啐啄同时"。这需要多大的功夫啊，仅有书本上的理论，你能做得到吗？所以"来机亦赴"是活的，要包括多少东西啊！

针对法达的毛病，六祖指出了"空诵但循声"，仅仅当录音机是不行的，诵读哪怕上百万遍，佛经与你又有什么关系呢？所以必须明心见性。"明心号菩萨"，明心见性了，你就是菩萨，你就是佛，你自己就是一部经。唐代有人问投子大同禅师："三藏十二部外还有奇特事无？"投子回答说："有。这三藏十二部是从哪里来的呢？能把这三藏十二部一部一部演出来的那个东西，你说奇特不呢？"开悟了，见了道，你就是佛啊！你自己就是三藏十二部啊！所以六祖大师说："但信佛无言，莲花从口发。"要知道，说了四十九年的法，说了等于没有说，你一定要相信这个事实。你如果懂得了佛无言，你才真正是在念《法华经》，而且声声如雷，声声都是莲花。所以发明了自心，就知道佛的道理并不在语言文字上。

下面六祖有关《法华经》的开示极为重要。首先六祖借法达的名字发挥说：佛法本来是通达无碍的，是你自己把自己障碍住了。佛经的道理本来是明白无疑的，是你自己的心在起疑啊！然后，六祖对《法华经》的主题作了精辟的开示。六祖认为，全部《法华经》说了那么多，其主题是："诸佛世尊，唯以一大事因缘故出现于世。"这个最伟大的因缘是什么呢？就是佛的知见，就是要使一切众生开示悟入佛的知见、佛的智慧；也就是要让众生认识人生宇宙和万法的真实相。有了这个知见就是智慧，有了智慧就可以破烦恼，破了烦恼就可以出世。自己解脱了不行，还要叫众生解脱。要知道，佛的知见是人人有的，不要以为只有佛才有，我们凡夫就没有资格，决不要这样认为。所以六祖说这样理解是"谤经毁佛"。为什么呢？佛既然已经是佛了，他自己还用开示悟入来干什么呢？佛还需要开佛的知见，乃至入佛的知见吗？当然不。所以，开示悟入是对众生而言的。为什么是对众生而言的呢？因为众生的无明烦恼把智慧遮障了，"自蔽光明，贪爱尘境"，所以才需要开示悟入啊！但就这个佛的知见，不是别的，也不在外面，就是你自己，"汝今当信佛之知见者，只汝自心，更无别佛"。六祖的话，真是干净透彻到了顶点。

佛就是自己用功，自己悟入的。这里谈一谈佛的慈悲。佛的慈悲是从哪儿来的呢？不是故意来的，也不是在外面找一个慈悲来行，而是自己一悟，就与万物一体了，就没有那个"我"了。世人之所以不慈悲，就是心中有个"我"，于是天是天，地是地，你是你，我是我，一切一切都被分开了，分开后这个慈悲就有限了。譬如这里耳朵发痒，手自然就去搔，绝不是耳朵还会提个要求，去挂个号，用不着，耳朵一痒，手自然会去帮助它去除痒的，也不要报酬，何以故？一体故！一体，就没有彼此的分别。佛的慈悲，就是这样的道理，心佛众生，宇宙万物本来是一体，但一分别开来，有了"我"，就有了烦恼。佛的知见是什么，就是把"我"连根斩了，没有佛的知见，那个我执是断不了的。开佛的知见就是要断这个人我执。人我执一断，天地万物就一体了，大慈大悲也就出来了，并且是无条件的。

说到禅宗，许多人常认为：既然"不立文字"，就可以不要经典了。这是极大的误解。如这里法达得到六祖的开示后，有所省悟，就以为"但得解义"就可以"不劳诵经"了。六祖马上纠正他说："经文有什么过错呢？又怎么会障碍你自己呢？要知道，迷悟的关系是由你自己，迷也由你，悟也由你。你若口诵心行，就是你在转经。你若口诵心不行，就是经在转你啊！法达这时才终于言下大悟。所以，自己心里光明也好，暗昧也好，全在自己一念之上，这一念就关系到你是开佛的知见还是塞佛的知见。"这一段文，大家可以经常看看，能背诵更好，在里面参最好。自己也可以看看是心转《法华》，还是《法华》在转你。

自己灵光常显现

僧智通，寿州安丰人，初看《楞伽经》约千余遍，而不会三身四智，礼师求解其义。师曰："三身者，清净法身，汝之性也；圆满报身，汝之智也；千百亿化身，汝之行也。若离本性，别说三身，即名有身无智；若悟三身，无有自性，即名四智菩提。听吾偈曰：

自性具三身，发明成四智。

不离见闻缘，超然登佛地。

吾今为汝说，谛信永无迷。

莫学驰求者，终日说菩提。

通再启曰："四智之义，可得闻乎？"师曰："既会三身，便

明四智,何更问耶？若离三身,别谈四智,此名有智无身,即此有智,还成无智。"复说偈曰:

大圆镜智性清净,平等性智心无病。

妙观察智见非功,成所作智同圆镜。

五八六七果因转,但用名言无实性。

若于转处不留情,繁兴永处那伽定。

通顿悟性智,遂呈偈曰:

三身元我体,四智本心明。

身智融无碍,应物任随形。

起修皆妄动,守住匪真精。

妙旨因师晓,终亡染污名。

僧智常,信州贵溪人,髫年出家,志求见性。一日参礼,师问曰:"汝从何来,欲求何事？"曰:"学人近往洪州白峰山礼大通和尚,蒙示见性成佛之义,未决狐疑。远来投礼,伏望和尚慈悲指示。"师曰:"彼有何言句,汝试举看。"曰:"智常到彼,凡经三月,未蒙示诲。为法切故,一夕独入丈室,请问如何是某甲本心本性,大通乃曰:'汝见虚空否？'对曰:'见。'彼曰:'汝见虚空有相貌否？'对曰:'虚空无形,有何相貌？'彼曰:'汝之本性,犹如虚空,了无一物可见,是名正见;无一物可知,是名真知;无有青黄长短,但见本源清净,觉体圆明,即名见性成佛,亦名如来知见。'学人虽闻此说,犹未决了,乞和尚开示。"师曰:"彼师所说,犹存见知,故令汝未了,吾今示汝一偈:

不见一法存无见,大似浮云遮日面。

不知一法守空知，还如太虚生闪电。

此之知见瞥然兴，错认何曾解方便。

汝当一念自知非，自己灵光常显现。"

常闻偈已，心意豁然，乃述偈曰：

无端起知见，著相求菩提。

情存一念悟，宁越昔时迷。

自性觉源体，随照枉迁流。

不入祖师室，茫然趣两头。

智常一日问师曰："佛说三乘法，又言最上乘，弟子未解，愿为教授。"师曰："汝观自本心，莫著外法相。法无四乘，人心自有等差，见闻转诵是小乘，悟法解义是中乘，依法修行是大乘，万法尽通，万法具备，一切不染，离诸法相，一无所得，名最上乘。乘是行义，不在口争，汝须自修，莫问吾也。一切时中，自性自如。"常礼谢执侍，终师之世。

僧志道，广州南海人也，请益曰："学人自出家，览《涅槃经》十载有余，未明大意，愿和尚垂诲。"师曰："汝何处未明？"曰："诸行无常，是生灭法，生灭灭已，寂灭为乐，于此疑惑。"师曰："汝作么生疑？"曰："一切众生皆有二身，谓色身、法身也。色身无常，有生有灭；法身有常，无知无觉。经云：生灭灭已，寂灭为乐者，不审何身寂灭？何身受乐？若色身者，色身灭时四大分散，全然是苦，苦不可言乐；若法身寂灭，即同草木瓦石，谁当受乐？又法性是生灭之体，五蕴是生灭之用，一体五用，生灭是常，生则从体起用，灭则摄用归体。若听更生，即有情之类，不断不灭；若不听更生，则永归寂灭，同于无情之物。如是，则一切诸法被涅槃之所禁伏，尚不得生，何乐之有？"师曰："汝是释子，何习外道断常邪见，而议最上乘法？据汝所说，即色身外别有法身，离生灭求于寂灭。又推涅槃常乐，言有身受用。斯乃执吝生死，耽著世乐。汝今当知，佛为一切迷人，认五蕴和合为自体相，分别一切法为外尘相。好生恶死，念念迁流，不知梦幻虚假，枉受轮回。以常乐涅槃，翻为苦相，终日驰求。佛愍此故，乃示涅槃真乐，刹那无有生相，刹那无有灭相，更无生灭可灭，是则寂灭现前。当现前时，亦无现前之量，乃谓常乐。此乐无有受者，亦无不受者，岂有一体五用之名？何况更言涅槃禁伏诸法，令永不生，斯乃谤佛毁法。听吾偈曰：

无上大涅槃，圆明常寂照。

凡愚谓之死，外道执为断。

诸求二乘人，目以为无作。

尽属情所计，六十二见本。

妄立虚假名，何为真实义。

惟有过量人，通达无取舍。

以知五蕴法，及以蕴中我。

外现众色像，一一音声相。

平等如梦幻，不起凡圣见。

不作涅槃解，二边三际断。

常应诸根用，而不起用想。

分别一切法，不起分别想。

劫火烧海底，风鼓山相击。

真常寂灭乐，涅槃相如是。

吾今强言说，令汝舍邪见。

汝勿随言解，许汝知少分。"

志道闻偈大悟，踊跃作礼而退。

这一段有智通、智常、志道三个机缘，所问不同，但都因六祖的开示而悟入。悟入是一个事情，不是那三个事情，所以要知道万法归元、一体万法的道理。这三则机缘的内容在前面几品中已经给大家讲过了一些，大家可以复习一下，前面没讲到的，这里再加解说。

关于佛的三身，前面已经讲过，那什么是四智呢？四智是惟有佛才具有的最圆满、最无上的四种智慧，就是妙观察智、平等性智、成所作智和大圆镜智。以唯识学的理论来看，我们修行成佛后第六识就转为妙观察智，就能善于观察人生宇宙的一切现象；第七识就转为平等性智，再没有人我、法我的执著，也就没有了那些差别、不平等的种种分别见，万法与我都平等和谐地处于一体之中，也就是时时处处都在"不二"之中；前五识就转为成所作智，意志所到，运行无碍，而成就一切功德；第八识就化为大圆镜智，无量大千世界，若有情、若无情，无论巨细，皆可同时显现，一一照了。这四智如果从理论上讲，可以无穷无尽，但大致可以归结为这四个要点。常人看来，的确是"至矣，尽矣，不可以复加矣"，但禅宗把天下至难至繁的事，却精纯为至简至易。六祖在这里，全归在自己的自性之中，把佛教从天上拉回到人间，在佛菩萨和凡人之间架起了一座桥梁，使这一切都回归在我们的心上，这就是禅宗伟大之处，也就是我们今天要讲《坛经》、提倡禅宗的原因。

有一位禅师讲平等性智就是报身，妙观察智就是化身，大圆镜智就是法身。其实，三身四智就是一体，仍然不二。所以六祖把它们全归在自性之中，并且进一步指出："五八六七果因转，但用名言无实性"。在这上面，你仍然不要执著，这些都是"名言"，而无"实性"的。你如果把这一切执为"实性"，那你就永远见不到这个三身四智了。所以智通大彻后说："三身元我体，四智本心明。"大家用功，到那一天你见道了，就会亲眼看到这决非虚语。还有一点要指出，虽然教下常说"六七因中转，五八果上圆"，但转的只是名相，本体是动都没有动的，自性还是你那个自性，并没有变成另外一个什么东西，它可是"不生不灭，不垢不净，不增不减"的啊！是"体同而用异的"啊！

但这终究是禅宗的讲法，若依唯识来讲，就大不一样了。六祖所谈的这些，若粗略简单一看，不精通唯识的人还以为与唯识相同，其实他们之间是大不一样的，完全不同的。唯识宗认为，三身四智，是各有各的"体"，这个"体"是不同的。如前面我们谈到的，成所作智与前五识同体，妙观察智与第六识同体，平等性智与第七识同体，大圆镜智与第八识同体。

《八识规矩颂》就认为：哪怕你前五识成就了，有了化身，但并不等于能解释真如（"果中犹自不诠真"），解释真如是第六识成就的事，六识成就为妙观察智后，才能解释真如。但哪怕你第六识、第七识都成就了，你仍然证不了法身，"六七因中转"——只不过是在因位中转了身而已，要证法身，必须在第八识上，当大圆镜智成就后，连同报化身一起转，这才"五八果上圆"，这样三身四智才彻底成就了。可见三身四智是各有其体，不能含混的。

所以唯识宗认为众生不能全部成佛，玄奘大师在印度学到了这样的理论后对他老师戒贤说：如果这样讲，可能中国人不易接受。中国人喜欢的是《涅槃经》所说的"一切众生皆有佛性，皆可成佛"。而戒贤说：你们支那人懂什么，这是根本大法，不容许有丝毫的修改。玄奘回国后严守师法，但其宗仅四传而绝。唯识宗为什么这样主张呢？他们认为，一切众生的第八识中，所含藏的种子是不同的，有的是人天种子，有的是地狱、畜生种子，有的是缘觉种子，有的是菩萨种子，没有菩萨种子的是不能成佛的。所以，有的人因其种子不完满，三身四智也就不可能完满。但中国的天台、三论、华严、禅宗这几大派都不承认唯识宗的这些说法。严格地说，台、论、严、禅这四大宗派的根本都是中观派。西藏格鲁派的祖师宗喀巴立教，也是本着中观。这几大派对唯识宗都有批评。如华严宗判教，就把唯识学贬得很低，认为只是"大乘始教"，决不愿把它列入"大乘圆教"。禅宗历代祖师说教，历来倾向于与华严结合，与唯识却谈不到一块儿。而学唯识的反过来修禅宗，难度却很大，有的祖师初学唯识，往往都是对唯识发生怀疑后，再投入禅宗门下以决其疑。当然，这里只是提出问题，并没贬低唯识学，唯识学精深博大的体系，亦非其他宗派所能比拟。但中观、唯识千年来争执的一大公案，必待以后大菩萨来了断。

再说智常这段机缘。初看一下，大通禅师对智常开示的那段话很不错嘛，与六祖在《般若品》中讲的差不多嘛，为什么六祖还说他是"犹存见知"呢？但是如果把六祖下面的偈子看了，才知道还有另外一面。常人执著于"有"，把"有"当作实在。通过善知识的开示和自己用功，知道执"有"不对，那个"有"是"空"，但又不自觉地把这个"空"作为实在而执著了。通过善知识的开示和自己的用功，知道执"空"也不对，还有个"非空非有"，又把这个"非空非有"当作实在而执著了……总之难啊！六祖这里，不为知见留一点余地，就是为了让你要做到"汝当一念自知非，自己灵光常显现"。

德山禅师的老师是龙潭崇信，龙潭崇信的老师是天皇道悟。龙潭崇信出家前家就在天皇寺附近，他家是卖烧饼的，他每天都去供养天皇道悟十个烧饼。天皇道悟吃烧饼时都留下一个烧饼反送给他，说："这是我给你的恩惠，可以泽及子孙。"时间久了，龙潭崇信心里想："饼子是我送去供养的，为什么老和尚要反送我呢？里面有什么奥妙呢？"有一次他就把这个疑问说给了天皇道悟。天皇道悟说："是你自己送来的，我又反送给你，这样又有什么不对呢？"龙潭崇信听了有所省悟，于是跟他就出了家去当侍者。一天他问："我出家这么久了，你怎么没有给我指示心要呢？"天皇道悟说："我天天都在指示你呀！你端菜来，我就接过手了，你送饭来，我就吃了，你顶礼时，我给你还礼，处处都在指示，怎么会不指示你呢？"龙潭信正在考虑，天皇道悟说："要见直下便见。你去寻思就错了。"龙潭崇信言下大悟。这则公案说明了什么？法是活泼泼的，在生活中就可以见，若在理论上钻牛角尖，却往往难见。在这个公案里，你明白什么是自性吗？再举一则：

石霜庆诸禅师初参道吾时，有一次他问道吾："什么是触目菩提呢？"道吾没有理他，却唤了一个小沙弥去给净瓶添水。过了一会，道吾问石霜："刚才你问的什么呢？"石霜正要重说一遍，道吾却起身回方丈去了，石霜庆诸这下豁然大悟。在这则公案里，你明白什么是自性吗？明白什么是菩提吗？唐宋许多著名的禅师，大都在理论上用过功夫，但在走投无路之时，在修行中——恰恰在生活的琐事中引发机关，触动了自己的自性。所以，若起个什么思想来求佛性，求自性，错了！要抓个什么东西来求也不行，自性本身就是觉性，万法本无，不需要你在上面挖什么窟窿，也不需要你在上面添什么东西。

下面我再举洞山良价禅师的故事来帮助大家理解《机缘品》中的这一段。洞山是曹洞宗的开山祖师，他出家后，天天跟着师父念《心经》。有一天他念着念着，忽然把脸上一摸，心想："《心经》上说无眼耳鼻舌身意，而我们身上明明有这些嘛，为什么经上要说没有呢？"他把这个疑问对师父说了，师父很惊讶，说："我当不了你的老师，你另寻高明去吧。"洞山于是外出遍参。有次他参沩山禅师，问："我听说以前南阳忠国师有个无情说法的公案，我不懂，请和尚开示。"沩山说："你还记得这个公案吗？"洞山于是就把这个公案讲了一遍：有个和尚问忠国师："什么是古佛的心呢？"忠国师说："墙壁瓦砾。"这个和尚说："这些是无情之物，怎么会是古佛心呢？"忠国师肯定地说："当然是。"那个和尚问："那墙壁瓦砾能说法吗？"忠国师说："不仅在说，而且说得很闹热，从来不间断。"这个和尚："那我为什么听不到呢？"忠国师说："那是你自己听不到，并不妨碍其他人听得到。"和尚又问："那谁又听得到呢？"忠国师说："佛菩萨听得到。"和尚问："那您老人家听得到吗？"忠国师说："我听不到。"和尚说："既然你听不到，怎么又知道无情之物会说法呢？"忠国师说："幸好我听不到，我若听得到，就与佛菩萨一样了，你就听不到我说法了。"和尚说："那么众生就无缘听到了。"忠国师说："我是为众生说法，不为佛菩萨说法。"和尚问："众生听到您说法后呢？"忠国师说："那就不再是众生了。"……洞山讲了之后，沩山把拂尘一举，说："你懂了吗？"洞山说："我不懂。"沩山于是介绍洞山去参云岩禅师。洞山见到云岩，把前面的情况介绍了一番后，云岩也把拂子一举，说："你听到了吧？"洞山说："没有听到。"云岩说："我给你说法你都听不见，何况无情说法啊！"洞山说："无情说法的故事，出于哪一本佛经呢？"云岩说："你没有看到《弥陀经》吗？里面说水鸟树林，悉皆念佛说法。"——都在演唱苦空无我无常啊！洞山听到这里，终于有所悟入。洞山在云岩那里参学已毕，向云岩告别时问："百年以后如果有人问，还能看见您老人家的真面目吗？我应怎么回答呢？"云岩沉默了一阵后，说："就是这个。"洞山略有迟疑，云岩说："良价啊，承当这个事情，你可要仔细啊！"后来洞山有一次在桥上过，忽然看到水中自己的影相，终于大彻大悟，作了首偈子说："切忌从他觅，迢迢与我殊，我今独自往，处处得逢渠。渠今正是我，我今不是渠，应须恁么会，方得契如如。"对这个公案，大家能听出味道吗？把《五灯会元》有关洞山的这部分仔细看看，对人的启发很大。

虽然我们在这儿说禅宗直截平易，但真正深入进去也不那么简单。有的人学佛，感到法相上的理论太难学了，捡了几句口头禅就认为了事了，不行的，口头禅是不能了事的，弄不好要误人。不要以为禅宗没有教条，没有理论，一来就是直指人心，见性成佛了。嘴上会讲几句即心即佛非心非佛之类的话就了事了。如无情说法的公案一般学禅的人过不了关，仅洞山悟道偈就可以把你挡在门外。一般人听到一些佛教理论和禅宗公案之后，对"切忌从他觅，迢迢与我殊，我今独自往，处处得逢渠"还能作些理解，因为有理道可入嘛，万法唯心嘛，一切万法不离自性嘛，懂了这个道理，当然就可以懂洞山悟道偈的前半部分了。但"渠今正是我，我今不是渠"呢？这又怎么理解呢？不是自相矛盾，不合逻辑吗？西方学者谈悖论，认为悖论是理性思维的盲区，你用逻辑的方法，用分别思维，用你的聪明怎么进得去！这个关过不了，你就没有见道，以前懂的仅仅是思维分别而已。这里分别思维的路不通，必须要"言语道断，心行处灭"之时，你才能在思维的迷宫中破关而出。这两句其实就是前面六祖讲的："成一切相即心，离一切相即佛。"我在前面已提示过，先就泄了天机，不知大家开了窍没有？

机锋、棒喝、话头及其他

行思禅师，生吉州安城刘氏，闻曹溪法席盛化，径来参礼。遂问曰："当何所务，即不落阶级？"师曰："汝曾作什么来？"曰："圣谛亦不为。"师曰："落何阶级？"曰："圣谛尚不为，何阶级之有！"师深器之，令思首众。一日，师谓曰："汝当分化一方，无令断绝。"思既得法，遂回吉州青原山，弘法绍化，谥号弘济禅师。

怀让禅师，金州杜氏子也，初谒嵩山安国师，安发之曹溪参叩。让至礼拜。师曰："甚处来？"曰："嵩山。"师曰："什么物，恁么来？"曰："说似一物即不中。"师曰："还可修证否？"曰："修证即不无，污染即不得。"师曰："只此不污染，诸佛之所护念，汝既如是，吾亦如是。西天般若多罗谶汝足下出一马驹，踏杀天下人，应在汝心，不须速说。"让豁然契会,遂执侍左右十五载,日臻玄奥。后往南岳,大阐禅宗,敕谥大慧禅师。

永嘉玄觉禅师,温州戴氏子,少习经论,精天台止观法门。因看《维摩经》发明心地。偶师弟子玄策相访,与其剧谈,出言暗合诸祖。策云:"仁者得法师谁?"曰:"我听方等经论,各有师承,后于《维摩经》悟佛心宗,未有证明者。"策云:"威音王已前即得,威音王已后,无师自悟,尽是天然外道。"曰:"愿仁者为我证据。"策云:"我言轻,曹溪有六祖大师,四方云集,并是受法者,若去,则与偕行。"觉遂同策来参,绕师三匝,振锡而立。师曰:"夫沙门者,具三千威仪,八万细行,大德自何方而来,生大我慢。"觉曰:"生死事大,无常迅速。"师曰:"何不体取无生,了无速乎!"曰:"体即无生,了本无速。"师曰:"如是如是。"玄觉方具威仪礼拜,须臾告辞。师曰:"返太速乎?"曰:"本自非动,岂有速耶?"师曰:"谁知非动?"曰:"仁者自生分别。"师曰:"汝甚得无生之意。"曰:"无生岂有意邪?"师曰:"无意谁当分别?"曰:"分别亦非意。"师曰:"善哉!"少留一宿,时谓一宿觉,后著《证道歌》盛行于世,谥曰无相大师,时称为真觉焉。

禅者智隍,初参五祖,自谓已得正受,庵居长坐,积二十年。师弟子玄策,游方至河朔,闻隍之名,造庵问云:"汝在此作什么?"隍曰:"入定。"策云:"汝云入定,为有心入耶?无心入耶?若无心入者,一切无情草木瓦石,应合得定。若有心入者,一切有情含识之流,亦应得定。"隍曰:"我正入定时,不见有有无之心。"策云:"不见有有无之心,即是常定。何有出入?若有出入,即非大定。"隍无对。良久,问曰:"师嗣谁耶?"策云:"我师曹溪六祖。"隍云:"六祖以何为禅定?"策云:"我师所说,妙湛圆寂,体用如如,五蕴本空,六尘非有,不出不入,不定不乱,禅性无住,离住禅寂,禅性无生,离生禅想,心如虚空,亦无虚空之量。"隍闻是说,径来谒师,师问云:"仁者何来?"隍具述前缘。师云:"诚如所言,汝但心如虚空,不著空见,应用无碍,动静无心,凡圣情忘,能所具泯,性相如如,无不定时也。"隍于是大悟,二十年所得心,都无影响。其夜河北士庶闻空中有声云:"隍禅师今日得道。"隍后礼辞,复归河北,开化四众。

一僧问师云:"黄梅意旨,甚么人得?"师云:"会佛法人得。"僧云:"和尚还得否?"师云:"我不会佛法。"

师一日欲濯所授之衣,而无美泉,因至寺后五里许,见山林郁茂,瑞气盘旋,师振锡卓地,泉应手而出,积以为池,乃膝跪浣衣石上。忽有一僧来礼拜,云:"方辩,是西蜀人。昨于南天竺国,见达摩大师,嘱方辩:速往唐土,吾传大迦叶正法眼藏及僧伽梨,见传六代于韶州曹溪,汝去瞻礼。方辩远来,愿见我师传来衣钵。"师乃出示,次问:"上人攻何事业?"曰:"善塑。"师正色曰:"汝试塑看。"辩罔措。过数日,塑就真相,可高七寸,曲尽其妙。师笑曰:"汝只解塑性,不解佛性。"师舒手摩方辩顶,曰:"永为人天福田。"师仍以衣酬之。辩取衣分为三,一披塑像,一自留,一用棕裹瘗地中,誓曰："后得此衣,乃吾出世。住持于此,重建殿宇。"

有僧举卧轮禅师偈云:

"卧轮有伎俩,能断百思想。

对境心不起,菩提日日长。"

师闻之曰："此偈未明心地,若依而行之,是加系缚。"因示一偈曰:

"慧能没伎俩,不断百思想。

对境心数起,菩提作么长。"

这一段中共有七则机缘,其中智隍、卧轮、方辩三则,其意在前面的讲述中已经有了,这里就不用重复。而其他四则,则是禅宗内应机接机,杀活纵夺,乃至棒喝的源头,故须结合这些方法讲一讲。禅宗在六祖之后逐渐发展为五家七宗,这五家七宗的源头当然是六祖,但六祖之后的重要人物则是青原行思和南岳怀让这两位禅师。青原行思的后人,开创了曹洞、云门、法眼三大宗派。南岳怀让的后人则开了沩仰、临济这两大宗派,到宋代,临济内又形成黄龙和杨歧两大支。今天的禅宗,全是这二位禅师的法系,你说他们的地位有多重要呢?

怎样领会青原这则机缘呢?"当何所务,即不落阶级?"依教下来讲,从凡夫到佛是有许多层次的,从凡夫修成佛要经过许多阶段,总共有四十一位,即四十一个修行阶段:十住、十行、十回向、十地和佛果。如果把十住中的第一信心位所修信等十心为十信，于十地之后再加一个顿觉，就成了五十二位，即五十二个修行阶段。这五十二位，需要多少时间才能功行圆满呢？时间是"三大阿僧祇劫"，这是数以万亿年计的超天文学的数字，一般学佛的人看到这样的功课表会吓得缩不回舌头。而禅宗则不讲这些，只讲顿悟成佛，所以不论阶段。修行真正的功夫不在理论上，甚至也不在禅定上，禅宗最重见地。前面讲过沩山与仰山的一则公案，沩山说："只贵子眼正，不贵子行履"，就是这个意思。圣谛就是四谛法，证了四谛就是证了涅槃，也就脱离了生死。"圣谛亦不为"，没有悟入，没有达到自肯自休的境地，你敢说这个话吗？行思是已经悟入的人了，他是来求六祖印证的，对答虽仅几句，但却透出了炉火纯青的功夫。那些仅仅在理论上懂一些，或会说一些口头禅、八股禅的，到了关键时候，是决不敢如此承当的。

德山禅师常对弟子们说："你们谁念佛，就请自己挑水把禅堂洗了。"有人问他什么是菩提，他说："出去，不要在这里屙。"有人问他什么是佛，他说："佛是西天老比丘。"这些都是"圣谛而不为"并且"不落阶级"的境界。再如：

洞山有病，他的侍者问他："您老人家病了，还有不病的那个吗？"洞山说："有。"侍者问："那这个不病的还看您不？"洞山说："老僧看他有分，我看他时，是看不见病的。"把这些懂了，那圣谛也就懂了。要知道，圣凡是二，不是不二，只要有圣解，就仍然是凡情。"不病的"是圣，病是凡，如果分而为二，哪里能见祖师的作略呢？洞山的意思是：

我来看它，才真正是它来看我，没有一切，才有一切。这里的妙处大得很，修行没有真正的见地，能说得出这样的话吗？

再如德山有病时，也有个和尚问他，还有不病的那个吗？德山说："有啊！""那什么是那个不病的呢？"德山大声呻吟说："唉哟，难受啊！"这里是凡圣融为一体，洞山那里是回互照用，两位祖师，各有各的风光。

黄金很贵重，人人都想要，但放在眼睛里谁受得了呢？圣谛固然是人所追求的，但真的进入了圣谛，"本来无一物，何处惹尘埃"，只要有一点点放不下，哪怕是对这个圣谛放不下，那就与凡情放不下的性质一样。老修行们有一句名言："无需求真，但须去妄。"你不要去管圣谛如何，只要把凡情妄想扫干净，就行了。就如《金刚经》里所讲的那样，不要落在罗汉、菩萨甚至佛的境界里，"凡所有相，皆是虚妄"，做不到这点那就是凡情未尽，偷心未死，"圣谛亦不为"。真是斩钉截铁地把执著去得干干净净。

再看怀让这则机缘。六祖问怀让"什么物，恁么来"，并不是今天问你是什么身份，当官吗？当经理吗？是坐飞机来的吗，坐火车、汽车来的吗？不是这些意思，六祖这里是直下问他的本来面目。怀让的回答极好："说似一物即不中。"这个本来面目是什么呢？是善吗，恶吗？是大吗，小吗？正如我们在《般若品》中看到的，"心量广大、犹如虚空，无有边畔，亦无方圆大小，亦非青黄赤白"，乃至"无是无非，无善无恶，无有头尾，诸佛刹土，尽同虚空"。这里，你能说它到底是什么吗？《金刚经》说：若以色求我，以音声求我，是人行邪道，不得见如来。你说，这个"我"到底又是什么呢？"说似一物即不中"，正是印证了这境界后从内心中自然流露出来的，不是一般人"想"得出来的。禅宗内答话，如此干净彻底的也不多见。六祖又问他"还假修证否？"怀让说："修证即不无，污染即不得。"从禅宗的根本立场上说，这个东西是本来就有的，原用不着修证，若欲修证，就把它当作外面的，不是自具自备的了。从另一角度上说，修证也是需要的，不修行，你又怎么能悟入，怎么能知道这个"说似一物即不中"的东西呢？但怎么个修法呢？"污染即不得"这样的答话，真是天衣无缝，所以六祖赞许说："只此不污染，诸佛之所护念，汝既如是，吾亦如是。"这里两镜交光，丝丝入扣。

后来石头希迁参行思，也与这则机缘相类似。行思问石头希迁："你从哪儿来？"石头说："我从曹溪来。"行思又问："你在曹溪得到什么东西来呢？"石头说："这个东西啊，我未到曹溪前也没有失掉它嘛。"行思又问："既然这样，你还到曹溪去干什么呢？"石头说："不到曹溪，我就不会知道失不失的道理了。"

禅宗的修行，当然应"不落阶级"，但就这个"不落阶级"也是有一定层次的。云门大师说过：二十年前，山是山，水是水；十年后看山不是山，看水不是水；今天又不同了，山还是山，水还是水。我们修行，初初看到山时，认为有个实在的山，悟了以后，证了空性，懂得了"因缘所生法，我说即是空"的道理，山就不是山，水也不是水了。修行再进一步，"亦说为假名，亦为中道义"，说有说空，都是你的心在那儿扯怪，并不妨碍万法圆融无碍啊！又何必把那个"空"死死地背在身上呢！于是山仍然是山，水仍然是水。

这里再讲一下大慧杲的公案，这个公案牵连到三位祖师，就是五祖法演、圆悟克勤和大慧宗杲，他们都是宋朝极为伟大的祖师。大慧杲年轻时就极其聪明，极有才气，他到处参访诸山大德，许多人都说不过他，他的机锋转语，随问即发，活泼得很，因而许多禅师都印可了他，认为他是佛教里的大才。但大慧杲自己却认为自己没有开悟，只是人聪明，那些机锋难不到他而已。他最后去参圆悟克勤，心里想，如果圆悟也印可了我，那禅宗就是假的，禅宗所谓的开悟也是假的，我就要写一篇"无禅论"，狠揭禅宗的底。他见了圆悟，一连下了四十九个转语，圆悟都说他没有对，这下才对圆悟克勤服了气，安心在那儿参禅。一年后圆悟某次开法，举一个和尚问云门大师如何是诸佛出身处？云门说，东山水上行。圆悟说："那是云门说的，若是山僧则不然。若有人问我这个问题，那我就回答他：薰风自南来，殿阁生微凉。"大慧杲这时忽然前后际断，动相不生了。——他终于有所省悟了。圆悟仔细一考察，感到他虽然有所悟入，但不彻底，一方面肯定大慧杲的进步，"难得啊，你终于到了这个境界了"，另一面却指出其不足，"但可惜死了未尝活"。大慧杲这时达到了"见山不是山，见水不是水"的境界了，但还须更进一步。大慧杲不服，说："这么高的境界了，难道还没有对吗？"圆悟说："不疑言句，是为大病。不见道，悬崖撒手，自肯承当，绝后再苏，欺君不得，须信有这个道理。"大慧杲还是不服，圆悟没有印可他，仍然要他继续参。有一次圆悟举"有句无句，如藤倚树"的话头考他，无论大慧杲如何答话，圆悟都说他没有答对。大慧杲参这个话头半年，终于忍不住了，说："老师，以前你在五祖法演祖师爷那里也曾答过这个话头，你把你的答话说给我听听。"圆悟微笑不答。大慧杲不死心，一定要圆悟说，圆悟不得已，说："我当时问五祖：有句无句，如藤倚树时如何？五祖说：'描也描不成，画也画不就。'我又问：'忽然树倒藤枯时如何？'五祖说：'相随来也'。"大慧杲听到这里终于大彻大悟了。这里"描也描不成，画也画不就"不就是那个"说似一物即不中"吗？如果没有实见，还要在上面画蛇添足，随语生解，能悟入得了吗？

前面引了不少的公案，对禅宗的机锋作了些介绍，再看永嘉觉这段机缘，就不难了。有人说公案不能讲，怎么不能讲呢？悟入时是需要"言语道断，心行处灭"，一悟之后，言语心行全是妙用，而且与佛法的道理完全相通，也是可以让人理解的。六祖与永嘉觉一问一答都是在圆圈上转圈圈，把教下的理论，放在自己的见地上，针锋相对，一环扣一环，见地稍有不到，立刻会原形毕露。所以要用功，参禅也要在心里参，不要在嘴上热闹，见地可是要经过勘验的。永嘉大师经过六祖的勘验，过了关，才能称之为"一宿觉"的。

　　永嘉大师这则机缘，历来为禅人所乐道，你看他与六祖机锋往来，可以说是针扎不进，水泼不进，如果你把自己放进去，你能如永嘉大师那样穷追到底吗？或者能如六祖大师那样顺水推舟，接引不露半点痕迹吗？在《坛经》中，甚至在《机缘品》中，谈到了不少"开悟"的机缘，若认真勘验，有的则只能称为解悟，有的则可称为证悟，如行思、怀让和永嘉当然是有所证悟的，不同于其他。

　　解悟是什么呢？那是顺着理路来的，依据佛的经教，穷究苦习而有所悟入，一般经论的注疏，大体都属于解悟。证悟则不然，证悟虽不离开思维之路，但实悟的那一刹那必然是言语道断。所悟之境，又不离思维路数，但又非思维路数所能范围。你看六祖与永嘉的那一席话，似有思路可寻，又无思路可寻。永嘉绕六祖三匝，"振锡而立"，六祖斥责他"生大我慢"，这是见面时的机缘之触。如法达礼六祖时头不着地。而永嘉平空落下一句"生死事大，无常迅速"——没有时间来礼拜你，太忙了啊！六祖随锋一转："何不体取无生，了无速乎？"永嘉说："体即无生，了本无速。"六祖赞叹说："如是，如是。"他们的对答一反一复，再反再复，到了最后，永嘉说："分别亦非意。"遇到了永嘉大师，若非六祖，其他人是吃不消的。这恰恰是洞山《宝镜三昧》"意不在言，来机亦赴"的最佳标范。宗门问答，应答在问处，问在答处，层层透底；虽"意不在言"，但必须"来机亦赴"；虽"来机亦赴"，但又必须"意不在言"。意若在言，那就有理路可寻，任何人都可以回答，教下的法师们可以说个天花乱坠。但禅宗之所以是禅宗而非教下，就是要"言语道断"，虽有其"言"但"言"却不能范围这个"意"；有这个"意"，并且假"言"来表示，这个"言"却又非常规常情所能轨则。这样的"言"——"意"——表示出来，没有开悟的人是不懂的。永嘉这里，一方面体现了对教理的精悉，同时又体现了证悟的自在，所以才能在六祖的钳锤下表现得那样潇洒自如。你看，他告辞时，六祖说："返太速乎？"这本是平常客气的问话，但永嘉毫不含糊，答话就是见地："本自非动，岂有速邪？"六祖轻轻一指："谁知非动？"永嘉却把话头还给了六祖："仁者自生分别。"于是六祖赞叹说："汝甚得无生之意。"永嘉却不上当，也是见地明白，所以又是毫不含糊地说："无生岂有意邪？"大家自己看看如何呢？

下面再谈谈棒喝，机锋在六祖那儿已见端倪，在马祖、石头那里得到了充分的发挥。时间一长，弊端就出来了，因为大家都会有不少的机锋转语，参了一辈子的禅，什么稀奇话没见过呢。于是一些大师们又创造了"棒喝"这种接相的方便，其中最著名的莫过"德山棒"、"临济喝"。

虽然行棒的作略在六祖、马祖时就可看到一二，但大规模使用这种方法的却是德山宣鉴禅师，其中最著名几则是：有次小参示众，德山说："今夜不答话，问话者三十棒。"这时有个和尚出来礼拜，德山拿起棒子就打。那个和尚很奇怪，说："我又没有问话——没有犯规，你为什么要打我呢？"德山说："你是哪里人？"那个和尚说："我是新罗人。"德山说："你还没有上船，差得远，正好挨三十棒。"有一次，德山问禅堂里的管事："今天又新来了几个人？"管事说："八个人。"德山说："一齐给我按住打。"他还经常说："你们回答得出，该挨三十棒。"——谁叫你们知见丢不了呢？"回答不出，也该挨三十棒。"——怎么没有见地呢？在德山的棒下，不知锻炼出了多少铜头铁额的硬汉。他的弟子，著名的岩头和尚赞他："德山老人寻常只据一条白棒，佛来亦打，祖来亦打。"这就是"德山棒"。

再看"临济喝"，但应先了解一下临济大悟因缘，借机也把"德山棒"作个交待。临济大师在黄檗禅师的道场中非常用功，但只是独自用功，三年不去参问，首座和尚认为他是块好料，就劝他到黄檗大师的方丈室中去问道。——什么是佛法大意。临济见了黄檗，问话声还没有停下，黄檗拿起棒就劈头打来。后来首座又鼓励他去问，就这样三次发问，三次挨打。临济想，可能我的因缘不在这里，便向黄檗告辞，到其他地方去参。但黄檗却指定他只许到大愚和尚那里。临济见了大愚，把挨打因缘介绍了，说："真不知道我到底有没有过错？"大愚叹口气说："你怎么不懂你老师的慈悲呢？他是为了彻底地解脱你呀，你怎么跑到这儿来问有过无过呢？"临济这才豁然大悟，说："原来黄檗佛法无多子。"——没有什么多余的花样啊！

黄檗对临济的"三顿棒"和"德山棒"如出一辙，机锋，还多多少少为思维分别留下了一条尾巴，但棒子只会打人，而不会说话，棒子劈头打来，无论你怎样用心都是无济于事的，如果说用棒子打人不对，但祖师们总有他以打人接人的道理嘛。这里，恰恰把一切分别思维的路子斩断了，用横暴的方式，逼你不自觉地进入"言语道断"的境地。这里，有祖师们多苦的用心啊！

但"喝"又与"棒"不同。临济大师接人，经常使用"喝"的方式，这一"喝"到底是什么意思呢？临济说："有时一喝如金刚之宝剑"——可以斩断你的那些情识分别；"有时一喝如踞地狮子"——任何邪魔外道，邪知邪见都不敢近身；"有时一喝如探竿影草"——试探你的来路及修行的深浅；"有时一喝不作一喝用"——无踪无迹，你在里面捞不到半点。但又包含有前面三种意味，总之莫测高深。所以行棒是纯刚至烈的，而行喝则是刚中有柔，两者交互使用，更变化无穷。

"原来黄檗佛法无多子"，禅宗就是无法与人。德山对雪峰说："吾宗无语言，实无一法与人。"若有法与人，就不是禅宗了。所以，不论机锋、棒喝，所用的方法都是旁敲侧击，或者泰山压顶，不外让你自明自悟。大慧宗杲在《宗门武库》里讲了个故事，他说我们参禅与一个故事很相近：有个人做了一辈子的贼，他儿子说："你老人家老了，手脚也迟顿了，把贼技传给我吧，我以后还要生活呢。"他老子说："做贼也不容易，你真要学，晚上跟我走。"晚上他们到一家，找到一口大柜，把锁打开，老子让儿子进去拿东西，却突然把柜子锁上就走了。这下儿子就头痛了，如何得了呢？总得想个法出去吧。他情急生智，就在柜子里学老鼠咬衣服的声音。主人听到不对，起来点灯开柜子。问题又来了，柜子一旦打开不就会被人抓住吗？他又生一计，一拳把鼻血打出，脸上一抹。主人柜子一开，他唬地直立起来。主人看见这个怪物吓昏过去。他偷了东西，大摇大摆地回家。他老子问他，他很发火，说："没有你，我就回不来吗？"他把经过一谈，老子说："恭喜了，我办的是贼技速成班，一夜就把全部要害都传给你了，你现在比老子强了。"憨山大师曾给妙峰讲过这个故事，妙峰和尚哭了，他说："我不哭别的，是哭老贼啊，老贼是父子情深啊！"不然这个绝技如何传，这不是心疼传得了的，也不是一招一式可以学得来的。 禅宗的棒喝，就是这种作略。

　　还有更甚的，也是唐末的公案，叫"俱胝断指"。俱胝和尚坐庵，凡有来问佛法，不论你怎么问，他都中竖一根指头。他的一个童子看久了，每遇到师父外出，又有人来问法，他也学着不作声，竖起一根指头。于是有人对俱胝说："您老人家的徒弟不简单，尽得您老的真传了，我们来问佛法，他也会竖指回答。"过了几天，俱胝和尚藏一把刀子，问那个童子："我说的佛法你都懂了吗？"童子说："这么简单，有什么难懂的。"老和尚就问他："如何是佛？"童子立刻把指头竖起，老和尚嚓的一声，硬把指头给削了，童子痛得开跑，老和尚追上去，又问："如何是佛？"童子仍然习惯地把指头一竖，但那个指头已经没有了——但这一下，童子真的悟入了。所以，开悟不是简单的事，祖师们为了接引弟子，可以说是恶辣无比，但却是最大的慈悲。这里，你再回过头来，看六祖回答"黄梅意旨"的那个"我不会佛法"是那么的亲切、透彻，不如此，不能扫除"圣解"，不如此，就会给后人留下窠臼，决不能以为这是文字游戏，以为是说相声。

现在再谈谈禅宗的参话头。禅宗内许多公案，都可以作为话头来参，如六祖的"父母未生前自己的本来面目"；赵州的"狗子无有佛性"；马祖的"不是心，不是佛，不是物"；云门的"东山水上行"等等，太多了。但清代以来，最流行参的话头是"念佛的是谁？"要知道，参话头是参，不是要你在那儿分别思维，但同时不要你著空。譬如"念佛的是谁？"这个话头，你参嘛，张三是"我"吗？没有父母，哪儿来的这个张三呢？没有学佛的因缘，我这个"张三"又哪里知道念佛，并且来参"念佛的是谁"呢！三天没饭吃，哪里又有气力来念佛呢？没有地球，哪里又来这种种因缘呢？你又到哪里去念佛呢？依佛法缘起的道理来讲，念佛的那个你缺一个缘都不得。但你又存在，又在那儿念佛啊！所以你又再看看这个"念佛的是谁？"这无上大法啊！是禅宗的独家发明。面对上面提到的种种，你怎能不起疑情，但疑要真疑，不要轻飘飘地疑一下了事，要穷追到底，水落石出，这才叫"参禅"。要加个参字，这么一参，一怀疑，必然要起分别思维，你不要在这上面害怕起分别思维，任他起，如"念佛的是谁？"你来分别思维嘛，分别思维在其中没有用，否则解决不了这个问题的。"念佛的是谁？"一引申，今天讲经，讲经的是谁呢？大家在这儿听，听经的又是谁呢？我们吃饭、走路、工作、生活的又是谁呢？我遇到事情一生气，生气的又是谁呢？生病了，全身痛，痛的又是谁呢？这些都是活话头，而且是至关重要的问题。如果说这就是"我"嘛，这个"我"又哪儿来，又到哪儿去呢？父母未生之前，百年火化之后，这个"我"又在哪儿呢？要了生死解脱，这个事情糊里糊涂的怎么行！在《般若品》中我们曾提到过的高峰原妙禅师，那则公案的重心就是参话头，尽管其中也有机锋棒喝，而高峰之悟是在参话头上悟的。他先参赵州的"万法归一，一归何处？"有得，再参"无梦无想时主人公在何处？"而彻悟。所以不能小看参话头，那可是历代许多祖师们提倡的，他们心中得到好处，所以认为这个法好。显然机锋、棒喝和参话头是一个整体，目的只有一个，促使你开悟，这些方法交互使用，相互勘验，效果更大。

关于卧轮机缘，其大意在《定慧品》和《坐禅品》中已经谈过。有的同学对这个问题还有不清楚的地方，我借这则机缘再谈一下。卧轮禅师可能得了定，有了一点功夫，可以切断一切分别思维，达到了"对境心不起"——不动心了。这有什么不对呢？为什么六祖还要批评他呢？六祖认为，思想本来是活的，本来就是自性。"何期自性能生万法"，你硬要把它压下去，自己把自己捆起来，怎么行。禅宗是绝对反对百不思，百不想的，因为这是断灭见，是邪见。念头是谁起的呢？你如果承认人人都有佛性，这个念头离开了这个佛性吗？禅宗认为，就这个念头就是这个自性，就是这个佛性。再者，一切法空，这个一念也是空的，既然是空的，取掉它干什么呢？水中月，镜中花嘛，你又怎么个取法呢？又何必去取呢？禅宗对付念头与教下的方法是有区别的，教下是对治法，禅宗不对治，念头就是自己，明白吗！一切法空，你还起什么妄念？一切法都是你自己，你还起什么妄念？认识了这些问题，妄念就起不来，尽管起了妄念，你明白它是空，不起作用，这个妄念就悄悄过去了，如雁影过潭一样，你真的对治它时，却恰恰是你又在动妄念了。

大慧杲作过一个偈语：

> 荷叶团团团似镜，菱角尖尖尖似锥。
>
> 风吹柳絮毛球走，雨打梨花蛱蝶飞。

荷叶是圆的，形状是像一面镜子；菱角是尖的，尖得像一个铁锥，在这上面，你还有什么多余的分别，还会有什么妄想呢？

再如唐代，有一个和尚向翠微禅师请教，翠微说："等无人时对你说。"过了一会儿，周围没人，和尚说："现在老师可以给我说了吧？"翠微和他一起进竹园，和尚又说："这里更清静了，老师可以说了。"翠微指着一长一短的两根竹子说："你看，这枝竹长，那枝竹短。"这时那个和尚就有所省悟了。为什么呢？在这里，分别心用得上吗？还会起妄想吗？

就是这个明明历历的一念啊！说它无，它却知道"这竹长，那竹短"，说它有，那些分别，那些妄想，又在哪儿呢？这里，你可以看到宗师接人的手段真是太高明了。这类公案，在《五灯会元》里很多，在大家的日常生活中更多，俯仰皆是。有的祖师，听见鸡叫狗叫开悟了，有的听人骂架开悟了，有的跌个跟头开悟了，有的被骂得头破血流、被打得头破血流开悟了。只要平时用功，参得紧，悟缘就在你的身边啊！

顿渐品第八

按照最初的安排，我们这次学习《坛经》，学到《机缘品》就可以告一段落了，因为没有多的时间了。但为了使这次学习《坛经》的因缘圆满，所以有必要对后面三品也作一些提持。后面这三品的大意是什么呢？如果对前面七品有了理解，这三品的内容全在里面，理解是不难的，需要留心的地方，我们再细细学习。

顿 悟 的 力 量

时师居曹溪宝林，神秀大师在荆南玉泉寺，于时两宗盛化，人皆称"南能北秀"，故有南北二宗顿渐之分，而学者莫知宗趣。师谓众曰："法本一宗，人有南北；法即一种，见有迟疾。何名顿渐？法无顿渐，人有利钝，故名顿渐。"然秀之徒众，往往讥南宗祖师，不识一字，有何所长？秀曰："他得无师之智，深悟上乘，吾不如也。且吾师五祖，亲传衣法，岂徒然哉！吾恨不能远去亲近，虚受国恩。汝等诸人，毋滞于此，可往曹溪参决。"一日，命门人志诚曰："汝聪明多智，可为吾到曹溪听法，若有所闻，尽心记取，还为吾说。"志诚禀命至曹溪，随众参请，不言来处。时祖师告众曰："今有盗法之人，潜在此会。"志诚即出礼拜，具陈其事。师曰："汝从玉泉来，应是细作。"对曰："不是。"师曰："何得不是？"对曰："未说即是，说了不是。"师曰："汝师若为示众？"对曰："常指诲大众，住心观净，长坐不卧。"师曰："住心观净，是病非禅，常坐拘身，于理何益？听吾偈曰：

　　生来坐不卧，死去卧不坐。

　　一具臭骨头，何为立功课。

　　志诚再拜曰："弟子在秀大师处，学道九年，不得契悟，今闻和尚一说，便契本心。弟子生死事大，和尚大慈，更为教示。"师曰："吾闻汝师教示学人戒定慧法，未审汝师说戒定慧行相如何？与汝说看。"诚曰："秀大师说：诸恶莫作名为戒，诸善奉行名为慧，自净其意名为定。彼说如此，未审和尚以何法诲人？"师曰："吾若言有法与人，即为诳汝，但且随方解缚，假名三昧。如汝师所说戒定慧，实不可思议也。吾所见戒定慧又别。"志诚曰："戒定慧只合一种，如何更别？"师曰："汝师戒定慧接大乘人，吾戒定慧接最上乘人，悟解不同，见有迟疾。汝听吾说，与彼同否？吾所说法，不离自性。离体说法，名为相说，自性常迷。须知一切万法，皆从自性起用，是真戒定慧法。听吾偈曰：

　　心地无非自性戒，心地无痴自性慧，

　　心地无乱自性定，不增不减自金刚，

身去身来本三昧。"

诚闻偈悔谢,乃呈一偈:

五蕴幻身,幻何究竟?

回趣真如,法还不净。

师然之,复语诚曰:"汝师戒定慧,劝小根智人,吾戒定慧,劝大根智人。若悟自性,亦不立菩提涅槃,亦不立解脱知见。无一法可得,方能建立万法。若解此意,亦名佛身,亦名菩提涅槃,亦名解脱知见。见性之人,立亦得,不立亦得,去来自由,无滞无碍,应用随作,应语随答,普见化身,不离自性,即得自在神通,游戏三昧,是名见性。"志诚再拜启师曰:"如何是不立义?"师曰:"自性无非、无痴、无乱,念念般若观照,常离法相,自由自在,纵横尽得,有何可立?自性自悟,顿悟顿修,亦无渐次,所以不立一切法,诸法寂灭,有何次第?"志诚礼拜,愿为执侍,朝夕不懈。

五祖名下的著名弟子,除了得到达摩衣钵的六祖外,还有十来位大师,其中最了不起的是神秀。神秀除了在最根本一着上比六祖差,因而没有得到衣钵,但在平常人看来,几乎样样都比六祖强。神秀相貌好,学问好,修行好,福报也好,曾得到武则天的礼敬,武则天把他迎入宫内供养,并亲自行跪拜礼,长安洛阳两京,不知有多少王公大臣拜在他的门下。他寿缘又长,活了一百多岁,弟子又多,全是在中原一带的名都大邑寺庙里的住持,所以影响极大,声势显赫。神秀圆寂后,唐玄宗时著名的宰相张说亲自给他制碑文，说他"身长八尺，秀眉大耳，应王伯之象，合圣贤之度"，"诏请而来，跌坐觐君，肩舆上殿，屈万乘而稽首，洒九重而宴居"，而且被推为"两京法主，三帝国师"。你看，多大的气派，多大的场面啊！

相比之下，六祖就寒酸多了，虽然在五祖那里得了衣钵，但十六年来东躲西藏，不断有恶人来骚扰。后来出世说法，也仅仅在岭南曹溪。现在广东开放得早，内地人认为广东洋气、气派，但在唐代那里几乎还是蛮荒之地，乃至六祖被人称为"獦獠"——蛮子。六祖的形象当然远远不如神秀，下层劳苦民众，日晒雨淋打柴为生，形象当然不可能好到那里，又没有文化，字都不识。六祖开法后，虽然得到韶州那位韦刺史的拥护，但场面与神秀比，就差之太远了。这么大的差异，但仅仅几十年之间，六祖的法——南宗顿教遍行于天下，而神秀的法——北宗渐教却湮没无闻。这里原因何在呢？道理很简单，六祖的法就是比神秀高，高得多，而且干净彻底，简便易行，所以人们乐于奉行。在《顿渐品》中，我们也可以较为清楚地看到这一点。神秀本人对六祖也是推崇的，甚至还向武则天推荐过，也曾派弟子前来学习，只不过神秀的学生，受到六祖的开示后，就不再愿意回去了。

禅宗有关戒定慧的主张，在前面已经多次提到过。神秀对此的解释又如何呢？神秀说："诸恶莫作名为戒，众善奉行名为慧，自净其意名为定。"不要认为只有六祖才代表禅宗，神秀也是禅宗的大师，也是五祖的弟子，他的见解虽然还不能与六祖相比，但在当时已经是极其高明的了。大家知道，"诸恶莫作，众善奉行，自净其意，是诸佛教"是佛的一首偈语，可以说是对全部佛教的教、理、行、果的精要概括。神秀把这个偈子用来作为对戒定慧的理解，的确也恰到好处。前面曾说过"祖师禅"和"如来禅"，神秀这几句，可以说是对"如来禅"的最佳表述。神秀北宗之禅，就是"如来禅"。如法修行，次第而进，所以又称为"渐门"。"如来禅"可以说是佛教内正统的修持方法，稳妥可靠，与教下也没有多大的分歧，一般学佛的人都走的这个路子，也可以取得成就。

但六祖大师这里却是"祖师禅"，其特点是直彻本源，因果一如，建立在万法皆空的基础上。正如六祖所说："亦不立菩提涅槃，亦不立知见解脱，无一法可得，方能建立万法。"恶性本空，作与不作全没交涉；善性亦空，行与不行全没交涉；性非净秽，净与不净全没交涉，乃至"法本法无法，无法法亦法"，自性就是菩提涅槃，本来就"不生不灭，不垢不净，不增不减"，戒定慧又与此何干呢！所以，只要直下见性，一了百了，而不计其他。所以六祖说："自性无非、无痴、无乱，念念般若观照，常离法相，自由自在，纵横尽得，有何可立？自性自悟，顿悟顿修，亦无渐次，所以不立一切法，诸法寂灭，有何次第。"这样立足于自性自悟、顿悟顿修的法，所以称之为南宗顿门。

顿悟的依据是菩提与烦恼本为一体，差别只是相上的。从体上来讲，烦恼也是它，菩提也是它，排除了烦恼，等于就排除了菩提，所以说"烦恼即菩提"。你如果坚信这点，敢于这样下手，你学禅宗就可以见功效，得受用。一些这样用功，并有些经验和效益的人都有这种感受：原来那种种杂念全是自己，自己对自己还有贪求吗？需要去排除吗？久而久之，烦恼也好，杂念也好就淡了下去，不那么起作用了，如能再进一步，见了本性，那烦恼就断了。断的那一刹那，是顿；悟的那一刹那，是顿，这就是禅宗的方便。譬如我们今天在这里学习，大家心到意到脚到，就坐在这儿了。如果你在外面绕圈子、翻跟头，费了许多功夫，结果还是必须坐在这儿。禅宗的方便就是直截了当，不必去绕圈子。顿悟成佛的道理就只这么浅，你本来就是佛嘛，只不过倒立着，倒过来就行了嘛。所以许多祖师见了参访的人一来就心里着急。这么现成的事，为什么老弄不清楚呢？云门大师初参睦州陈尊宿，头次去，一敲门，睦州不开门，问他："你来干吗？"云门说："弟子远道来参，乞师指示门径。"睦州把门一开，看了他一眼，呼的就把门关上。就这样，云门接连敲了三天的门。第三天，睦州刚把门开了一条缝，云门就抢了进来，睦州把他向门外一推，说："你研究古人的脚板印干什么！"说完把门狠狠一关，硬是把云门的一只脚砸断。这一下，云门终于大彻大悟了。祖师为什么要下棒喝等这么强烈的钳锤？他心里着急啊！这么现成的事，你怎么还不悟呢？两个耳光一打，或许你还清醒些。给你说法，说开示，讲道理，这些饱参饱学之人，肚子里装的还少吗？再说上一通，更怕把你迷住了出不来，你说该怎么办？

云门虽然少了一只脚，成了跛子，但一提到这个事情，他是非常感谢他的老师。就这么一拐，他得到了永恒的东西，不用说一条腿，割脑袋也值得。这就是顿悟法门，前面举的那些公案，都说明了这个法门的力量。

向上全提和事事无碍

僧志彻，江西人，本姓张，名行昌，少任侠。自南北分化，二宗主虽亡彼我，而徒侣竟起爱憎。时北宗门人，自立秀师为第六祖，而忌祖师传衣为天下闻，乃嘱行昌来刺师。师心通，预知其事，即置金十两于座间。时夜幕，行昌入祖室，将欲加害，师舒颈就之。行昌挥刃者三，悉无所损。师曰："正剑不邪，邪剑不正。只负汝金，不负汝命。"行昌惊仆，久而方苏，求哀悔过，即愿出家。师遂与金，言："汝且去，恐徒众翻害于汝。汝可他日易形而来，吾当摄受。"行昌禀旨宵遁。后投僧出家，具戒精进。一日，忆师之言，远来礼觐。师曰："吾久念汝，汝来何晚？"曰："昨蒙和尚舍罪，今虽出家苦行，终难报德，其惟传法度生乎？弟子常览《涅槃经》，未晓常无常义，乞和尚慈悲，略为解说。"师曰："无常者，即佛性也；有常者，即一切善恶诸法分别心也。"曰："和尚所说，大违经文。"师曰："吾传佛心印，安敢违于佛经。"曰："经说佛性是常，和尚却言无常；善恶诸法乃至菩提心，皆是无常，和尚却言是常。此即相违，令学人转加疑惑。"师曰："《涅槃经》,吾昔听尼无尽藏读诵一遍,便为讲说,无一字一义不合经文,乃至为汝,终无二说。"曰:"学人识量浅昧,愿和尚委曲开示。"师曰:"汝知否? 佛性若常,更说什么善恶诸法,乃至穷劫,无有一人发菩提心者,故吾说无常,是佛说真常之道也。又,一切诸法若无常者,即物物皆有自性,容受生死,而真常性有不偏之处,故吾说常者,是佛说真无常义。佛比为凡夫外道执于邪常,诸二乘人于常计无常,共成八倒。故于涅槃了义教中,破彼偏见,而显说真常真乐真我真净。汝今依言背义,以断灭无常,及确定死常,而错解佛之圆妙最后微言,纵览千遍,有何所益。"行昌忽然大悟,说偈云:

因守无常心,佛说有常性。

不知方便者,犹春池拾砾。

我今不施功,佛性而现前。

非师相授与,我亦无所得。

师曰:汝今彻也,宜名志彻。彻礼谢而退。

在《坛经》中,六祖大师有关《涅槃经》的开示凡四见,一为《行由品》中答印宗法师,二、三为《机缘品》中答无尽藏和志道,这一品中,六祖是第四次因问《涅槃经》而方便开示。从六祖的这四次答话中可以看到,参问人的根基不同,疑点不同,六祖所回答的却不尽相同。有的答话差距很大,甚至截然相反,从中可见到六祖的灵活性,他的路数不是来自学问,而是处处以本分接人。《涅槃经》在大乘佛教中有重要的地位，也是禅宗的理论依据之一。在这里，有必要对其中的要点作一番详细的解说。

无常是佛教里惯见的概念，特别在小乘佛教里。小乘佛教所讲的三法印，就把整个佛教的要点都包括了。为什么叫"印"呢？因为这是判断是不是佛教的标准。"诸行无常"，凡是有作为的事情都是无常的，没有不变的，这是第一个法印；"诸法无我"，一切法无自性，都是因缘所生的，都是空的，找不出一个实在的东西，故无我，这是第二个法印；"涅槃寂净"，要想在无常的生死烦恼中得到解脱，要想得到永恒的寂静、安宁，就只有佛所指示的涅槃，这是第三个法印。佛说诸行无常，你却说诸行有常，那就违背了法印，是外道；佛说诸法无我，你却说有我，也就违背了法印，是外道；佛说涅槃寂静，你说没有涅槃，没有寂静，也违背了法印，是外道；或者认为除了涅槃之外，而别有寂静，同样是外道。

所以无常这个问题，是佛教里极为重要的概念。在大乘佛教里，特别是《涅槃经》里，这个说法就不同了。小乘佛教修行，其修行的指导思想，最基本的就是"四念住"。在"四念住"中，一是观身不净，二是观受是苦，三是观心无常，四是观法无我。四念住要你把心放在里面，作为修行的基础。众生身不净，但众生认为是净，这是颠倒见；众生所受皆苦，但众生认为有乐，这是颠倒见；众生心行无常，但众生认为有常，这是颠倒见；一切法无我，而众生认为有我，这是颠倒见。这就是众生的净、乐、常、我四颠倒见。而四念住就是对治这四个颠倒见的。

但是到了大乘佛教，特别是《涅槃经》里提出了"涅槃四德"，恰恰就是众生这四个颠倒见中的常、乐、我、净，就是说，涅槃是有常的、快乐的、有我的、干净的，这四条是正的，不是颠倒的。"涅槃四德"恰恰与众生的四颠倒见相反而对立。二乘人就是根据四念住来修，把四颠倒见当作牛鬼蛇神而必须铲除。但是到了大涅槃的境界，你给他们讲常乐我净这四德，他们往往听不进去，并且十分反感，这样，二乘人进入大乘就困难了。

《涅槃经》里所讲的大乘妙谛，讲的常乐我净在六祖这里，却又翻上一层境界。六祖说："无常者，即佛性也；有常者，即一切善恶诸法分别心也。"六祖对此又作了个颠倒，当然引起了行昌的惊讶，认为六祖所讲的"大违经文"。但是这里是不能死啃书本的，佛法高妙之处就是圆融无碍，六祖大师的一言一行，无不显现着这种精神。"佛性若常，更说什么善恶诸法"。佛性若是死寂一团，没有生机和变化，那么，说善、谁在善呢？恶，谁在恶呢？如果佛性是常、是不变的，那么众生永远就没有分了，发菩提心也没有用了。要知道，发菩提心就是无常。从前我造孽，没有发菩提心，但我今天向善，发了菩提心。如果佛性是常，那我以前就应发菩提心，但这个菩提心是今天发的，不是以前的。发菩提心的原因是什么呢？因为有佛性，那么这个佛性以前没有发菩提心，但今天发了；佛性知道了以前作恶不对，今天要改恶向善了；你说这个佛性是常还是无常？要知道，六祖这里是对机，在《行由品》中六祖答印宗法师问时，六祖的根本看法是佛性超越了常与无常。超越了常与无常，这个佛性才是真的，才是活的，才是超越了分别思量的，大家要懂得这个道理。

不变的常是死常，变化了还是常，所以六祖说佛性无常，恰恰深刻地阐述了佛性真常的道理。无常是佛性的一种作用，常也是佛性的一种作用，执著于一边是不对的。作用是活的，要应酬无碍，必须有所变化，应该无常。这个无常，并没有离开本体，也离不开本体，如果以孤立和静止来看，是难以想通。但你把这一切放在全体上看、整体上看，一切都迎刃而解了。

六祖说："有常者，即一切善恶诸法分别心也。"你看到的那种种无常，实际上就是常，一切法都是常。不是说一切法空，一切法无自性吗？怎么又说一切法是常呢？六祖认为，既然这一切不是佛性，那什么才是佛性呢？佛性之外还有什么别的东西吗？这一切又全在佛性之外吗？当然不是，一切善恶诸法全是佛性，我们的语言、行为全是佛性。如果认为外面另有一个常，另有一个佛性要修，那完了，你就永远解脱不了了。这个道理的确很高很难，因为这是"向上全提"之事，我们举点易懂的例子看。无常中有常，一切都在变化，那么这个"一切都变化"本身还变不变？所以无常本身就具备了佛性。从佛性的本性上来讲，这个变化又是什么呢？这是一个拳头，这是手掌，这个手可以结种种手印，在不同的工作中，如音乐家对种种乐器的弹奏，工人使用种种不同的工具，就我们这个手，可以说是千变万化的。但无论这个手如何变化，他仍然只是这个手，而不会变成脚嘛。如果离开这种种变化，去寻找一个不变的手，除了制作出来教学用的模型外，在哪里找得到呢？所以，离开了无常，又到哪儿去找常呢！整个宇宙都在变化，变到现在，宇宙还是宇宙，所以，这个变化之中也有不变的道理，不能把宇宙看成两个，不管是"本体宇宙"也好，"现象宇宙"也好，实际上都是那一个宇宙，你不要只看到变，而看不到不变；也不能只看到不变，而看不到变。所以，把常与无常对立起来，是低级的认识。常是它，不常也是它。因果不能被看成截然不同的东西，把因看成因，果看成果是低级的认识。以前的智力游戏有一个问题，先有鸡还是先有蛋，不知难倒了多少人。如果你超越了狭隘的因果观念，鸡中有蛋，蛋中有鸡；鸡就是蛋，蛋就是鸡，在鸡的家族史中，鸡与蛋是一个东西，谁也离不开谁，这个问题不是迎刃而解了吗。你要深入佛性吗？你要真正认识佛性吗？就必须超越这种种分别思维。所以，常不能离开无常，无常也不能离开常，常与无常是二，佛性是不二。

所以，常与不常，都应归结在这个"向上之常"。因与果，也应归结在这个"向上之因"；苦与乐，也应归结在这个"向上之乐"；净与秽，还是要归结在这个"向上之净"。看这个简表：

$$
常\begin{cases}常\\无常\end{cases} \quad 乐\begin{cases}乐\\苦\end{cases} \quad 我\begin{cases}我\\无我\end{cases} \quad 净\begin{cases}净\\秽\end{cases} \quad 因\begin{cases}因\\果\end{cases}
$$

高层次的东西，是包容并超越了低层次的那些矛盾和对立的，我们学佛，应懂得这个道理。这样，你才能"向上全提"，也才会懂得《华严经》里"理事无碍"和"事事无碍"的道理。下面讲两则公案。

唐代，南泉老和尚看见东堂与西堂为争一只猫而争执不下，南泉说："你们不要争了，谁能在这里下一转语，就把猫儿拿去，都答不出，那我就把猫儿斩了。"这时，东堂傻了，西堂也愣了，这个转语两家都下不了，于是南泉一刀下去，就把猫儿斩了。晚上赵州回来，南泉把猫儿的事说了一遍，要赵州也下一转语，赵州听了，把草鞋脱下来放在头上，扭身就走了。南泉感慨地说："你刚才若在，猫儿就得救了。"这个公案，大家参得破吗？可以参一参，总之不离我们刚才讲的那些道理。要知道，禅宗里的东西是佛教里最高级的东西，许多人尝不到其中的味道，在那儿瞎解释，把最高的法放在低层次讲，怎么讲得通呢？

宋代有个宰相叫张商英，他曾遍参尊宿，在禅宗上也很有见地。一次圆悟克勤去拜访他，两人就谈论到华严境界。华严有四层境界，一是"事无碍法界"，二是"理无碍法界"，三是"理事无碍法界"，四是"事事无碍法界"。当他们谈到"理事无碍法界"时，圆悟问："这里可以谈禅吗"？张商英说："正好谈禅，理与事，理论与实践都相融而无碍了嘛。"
圆悟斩钉截铁地说："不行！"张商英当时就没抓拿了，心里
也不服。圆悟说："这仍然在法界的量里，仍在分别的'二'
之中。如果到了事事无碍法界，法界量灭了，不二了，才好说
禅。不然，云门大师说的那个如何是佛？干屎橛；洞山初说的
如何是佛？麻三斤；这一类的答话如何通得了？"圆悟还举真
净克文禅师的一个偈语，作为事事无碍的话解：

　　事事无碍，如意自在。

　　手把猪头，口诵净戒。

　　趁出淫房，未还酒债。

　　十字街头，打开布袋。

　　真净禅师这个谒子，对那些恪守戒律的人来说，真是要吓
一大跳，尽是一些杀盗淫妄的事，怎可能是"事事无碍"这种
佛性的最高境界呢？才嫖了娼，喝酒又不给钱，手拿血淋淋的
猪头，嘴上却在念诵戒律，这怎么得了，还要在闹市街口，打
开口袋，把偷的、抢的东西往里装。这叫"事事无碍"吗？杀
盗淫妄就是佛法吗？这个偈子不是我做的，是真净克文这位祖
师做的，圆悟克勤又用来开示张商英，里面当然有道理，而且
道理大得很，不然，张商英听到后就不会手舞足蹈了，就不会
感叹地说："美哉之论，岂易得闻乎"！但我们又如何理解
呢？对一般学佛的人来说，让他们入佛是乐意的，但若要让他
们入魔，他们就害怕了。但佛魔平等不二，只能入佛，不能入

魔，能说得到了"无碍"吗？能真正彻法源底、圆满自在了吗？当然不是，因为你还有凡圣之见，佛魔之见，善恶之见，你还在分别思量的"二"中，不知"不二"为何物。我们且不要说那么深，"手把猪头"——即猪头而离猪头，即杀而离杀；"口诵净戒"——即戒而离戒，即秽而离秽；"未还酒债"——即酒而离酒；"趁出淫房"——即淫而离淫。也就是即杀盗淫妄而离杀盗淫妄，即烦恼而离烦恼，即一切相而离一切相，在这上面过不了关，你在那儿守的戒没有经过严格的考验，没有经过世间的冶炼，你真的得到了无上的金刚体吗！在"五浊恶世"的杀盗淫妄之中，你能做到"无住"、"无念"、"无相"，对这一切真的不动心，来去自由，才真正是"事事无碍"啊！你真的有了这个本事，你还怕什么呢！到了这个境界，什么"常"、"无常"全都是闲话。说简单点，你能做到能杀而不杀，能嫖而不嫖，能赌而不赌，能妄而不妄，能骗人而不骗人，才可以领略到无碍的境界，但这是自然的、本分的流露，不是你勉强在那儿守戒，要不守时也能守，才是真功夫啊！这个法，讲到这儿了就不能不讲，不讲就太可惜了，另一方面，讲了也会有一些不良后果，那些糊里糊涂的人没有见地，没有功夫，把杀盗淫妄也当成佛法，把禅宗的大手段变成狂禅的挡箭牌，这方面的教训是多的，往往有这样一些人把禅宗的名誉败坏了。

凡圣两忘，体露真常

有一童子，名神会，襄阳高氏子，年十三，自玉泉来参礼。师曰："知识远来艰辛，还将得本来否？若有本则合识主，试说看。"会曰："以无住为本，见即是主。"师曰："这沙弥争合取次语。"会乃问曰："和尚坐禅，还见不见？"师以拄杖打三下，云："吾打汝是痛不痛？"对曰："亦痛亦不痛。"师曰："吾亦见亦不见。"神会问："如何是亦见亦不见？"师云："吾之所见，常见自心过愆，不见他人是非好恶，是以亦见亦不见。汝言亦痛亦不痛如何？汝若不痛，同其木石；若痛，则同凡夫，即起恚恨。汝向前，见不见是两边，痛不痛是生灭，汝自性且不见，敢尔弄人。"神会礼拜悔谢。师又曰："汝若心迷不见，问善知识觅路；汝若心悟，即自见性，依法修行。汝自迷不见自心，却来问吾见与不见。吾见自知，岂代汝迷？汝若自见，亦不代吾迷。何不自知自见，乃问吾见与不见。"神会再礼百余拜，求谢过愆，服勤给侍，不离左右。一日，师告众曰："吾有一物，无头无尾，无名无字，无背无面，诸人还识否？"神会出曰："是诸佛之本源，神会之佛性。"师曰："向汝道无名无字，汝便唤作本源佛性，汝向去有把茆盖头，也只成个知解宗徒。"祖师灭后，会入京洛，大弘曹溪顿教，著《显宗记》，盛行于世，是为荷泽禅师。

师见诸宗难问,咸起恶心,多集座下,愍而谓曰:"学道之人,一切善念恶念,应当尽除。无名可名,名于自性,无二之性,是名实性。于实性上建立一切教门,言下便须自见。"诸人闻说,总皆作礼,请事为师。

神会是禅宗史上重要的人物。前面曾经提到禅宗南北二宗的分立,神秀的北宗,在当时比六祖的南宗,无论势力、影响都大得多。六祖圆寂后二十年间,神会在洛阳传法,对六祖的法门大加弘扬,并与北宗的代表人物进行过多场辩论,影响极大,引起朝廷的猜忌,一度被赶到湖北一带。直到"安史之乱"时,洛阳长安两京沦陷,国家财政困难,而神会当时德高望重,对政府资助不少,得到唐肃宗的尊敬,迎入宫廷供养。使六祖的南宗顿门,在力量和影响上超过了北宗渐门。后来,唐德宗又正式立神会为禅宗第七代祖师,这样一来,北宗就逐渐瓦解,而南宗独传,从这里可以看到神会的巨大贡献。

神会的体证如何呢?在宗宝本里的一些机缘中,神会与行思、怀让、永嘉觉相比,当然不行。从与六祖的答话中就可以看得出,那三位祖师是过来人,到六祖这儿来是求印证的。而神会虽然机敏,但毕竟停留在分别思维上,还谈不上见性,所以六祖说他"也只成个知解宗徒"。我们试举几个公案看看。

西塔和尚是仰山的弟子,后来到北方参临济,回来时仰山问他到哪儿去了,他说参临济去了。仰山问他:"回来干什么?"他说:"回来看和尚。"仰山说:"看我像不像一头驴吗？"他回答就很妙："我看和尚不像佛。"仰山说："那像什么呢？"他说："若真的像个什么，那又与驴有什么区别呢？"这一下，仰山大吃一惊，说："凡圣两忘，情尽体露，我以这个方法验人二十年，还没有看见一个了手的，你好自为之吧。"以后仰山逢人便说他是肉身佛。注意"凡圣两忘，情尽体露"这八个字。西塔和尚这里，既没有凡情，也没有圣解，分别思维全都息了下去，处处都见本体，处处都表现着本体。而比较神会与六祖的答话，神会下的全是死语，全是在概念的两头打滚，不落在这边，就落在那边，只要落在概念里就是死语，一说合逻辑的话就是死语，不是六祖门下，不是曹溪路上过来的人。我们只要细看神会的答话就知道，神会虽然当时只有十四五岁，还是个"童子"，书却看得不少，虽然几次答话都显得很机敏，而且合乎教下理数，但并没有开悟，所以六祖当时没有印他，因为他概念思维太活跃了，还没有经历"言语道断，心行处灭"这一关。下面再举个公案作个比较。

赵州初参南泉，南泉问他："你从哪儿来？"赵州说："我从瑞像院来。"南泉又问："那你还看见瑞像吗？"赵州说："不见瑞像，只见卧如来。"南泉当时是卧在床上接受赵州参访的。南泉又问："你是有主沙弥，还是无主沙弥？"这个问话刁钻得很，可赵州怎么回答呢？他说："有主沙弥。"南泉再追一问："哪个是你主？"下面就可以见到赵州的功夫了，他说："现在是仲冬时节，天气冷得很，只希望老和尚贵体平安。"有人认为赵州是在拍马屁。错了！赵州可不是俗人，他的禅风在唐代诸大师中是至高至雅的。他初见南泉的答话，可以说是不能再妙了。南泉所问赵州的，与六祖所问神会的差不多，而赵州的答话是活的，神会的答话是死的。神会的回答来自书本，赵州的答话来自内心的体验。所以赵州进一步问南泉："如何是道？"南泉回答说："平常心是道。"赵州紧迫一问，说："还可趣向不？"南泉说："拟向即乖"——进入分别思维那个道就不是本来的道了。赵州又问："不去认识它，怎么知道是不是道呢？"记住南泉下面所说的，他说："道不属知，不属不知。知是妄觉不知是无记。若真达不疑之道，犹如太虚，岂可强是非邪！"赵州这里就言下大悟。南泉禅师在这里和六祖一样，已经把话说透了。赵州悟了，我们中有没有能悟的呢？对这个问题，要有信心，有勇气，但不能作知识加以理解。大家好好参，我真诚地希望我们中能有人能那么"豁然"一下。

大家学习禅宗，这里就一定要记住六祖大师的话，要"常见自心过愆，不见他人是非好恶"，这样，你才能真正排除干扰，潜心修道；再进一步，"一切善念恶念，应当尽除，无名可名，名于自性，无二之性，是名实性。于实性上建立一切教门，言下便须自见"。

护法品第九

自是法王，何慕人王

神龙元年上元日，则天、中宗诏云："朕请安秀二师宫中供养，万机之暇，每究一乘。二师推让云：'南方有能禅师，密授忍大师衣法，传佛心印，可请彼问。'今遣内侍薛简，驰诏请迎，愿师慈念，速赴上京。"师上表辞疾，愿终林麓。薛简曰："京城禅德皆云：欲得会道，必须坐禅习定。若不因禅定而得解脱者，未之有也。未审师所说法如何？"师曰："道由心悟，岂在坐也。经云：'若言如来若坐若卧，是行邪道。'何故？无所从来，亦无所去，无生无灭，是如来清净禅。诸佛空寂，是如来清净坐。究竟无证，岂况坐耶？"简曰："弟子回京，主上必问，愿师慈悲，指示心要，传奏两宫，及京城学道者。譬如一灯，然百千灯，冥者皆明，明明无尽。"师云："道无明暗，明暗是代谢之义。明明无尽，亦是有尽，相待立名。故《净名经》云：法无有比，无相待故。"简曰："明喻智慧，暗喻烦恼，修道之人，倘不以智慧照破烦恼，无始生死，凭何出离？"师曰："烦恼即是菩提，无二无别，若以智慧照破烦恼者,此是二乘见解,羊鹿等机。上智大根,悉不如是。"简曰:"如何是大乘见解?"师曰:"明与无明,凡夫见二。智者了达,其性无二,无二之性,即是实性。实性者,处凡愚而不减,在贤圣而不增,住烦恼而不乱,居禅定而不寂。不断不常,不来不去,不在中间,及其内外,不生不灭,性相如如,常住不迁,名之曰道。"简曰:"师说不生不灭,何异外道?"师曰:"外道所说不生不灭者,将灭止生,以生显灭,灭犹不灭,生说不生。我说不生不灭者,本自无生,今亦不灭,所以不同外道。汝若欲知心要,但一切善恶都莫思量,自然得入清净心体,湛然常寂,妙用恒沙。"简蒙指教,豁然大悟,礼辞归阙,表奏师语。其年九月三日,有诏奖谕师曰:"师辞老疾,为朕修道,国之福田。师若净名,托疾毗耶,阐扬大乘,传诸佛心,谈不二法。薛简传师指授如来知见,朕积善余庆,宿种善根,值师出世,顿悟上乘,感荷师恩,顶戴无已。并奉磨衲袈裟及水晶钵,敕韶州刺史修饰寺宇,赐师旧居为国恩寺焉。"

学习过中国佛教史的人都知道,唐代的皇帝中,武则天是以敬佛闻名的。唐代皇帝大多信佛,但因政治需要,更加尊信道教,因为道教教主太上老君姓李,唐代皇帝自称是李老君的后人,所以往往把道教列在佛教之前。但武则天不姓李,她当上皇帝要树立自己的权威,加上她曾一度出家当过尼姑,对佛教有相当的感情,所以她对佛教特别尊信。武则天与华严宗、禅宗有特殊的关系,她把华严祖师法藏迎入宫中讲《华严》,

亲自为《华严经》写序，敕封法藏为"贤首大师"。同时，她还把禅宗北宗大师神秀、慧安、智诜等迎入宫内供养。由于她几十年不断地宣传佛教，使唐代佛教在她的时代中发展到了顶峰，这些历史，就不一一介绍了。

武则天对禅宗很感兴趣，经常向神秀等问法，可能也向神秀等询问世外高人，这时神秀就向武则天介绍了六祖，谈到了五祖传法的事情。从这里可以看出神秀是一位有道德、有修养的大师，他对五祖是尊敬的，对五祖传衣钵给六祖是没有什么意见的，对六祖也是推崇的。不然，他为什么会向武则天推荐六祖，并明言五祖的衣钵传给六祖而没有传给他这一事实呢！

对于达摩传下来的袈裟，历来有种种传闻，神秀、慧安等向武则天推荐六祖后，武则天马上就派人去迎请六祖到京城，但六祖推辞有病没有去。武则天于是向六祖要达摩的衣钵瞻仰和供养，六祖只好交出来，武则天另外赠送一套僧伽摩衲衣和水晶钵致谢。后来，有一次武则天问五祖的十大弟子有没有欲念？神秀、慧安等都回答说没有，只有智诜回答说有。武则天问他为什么呢？智诜道："生则有欲，死则无欲。"武则天感到智诜的回答令她满意，就把达摩的衣钵赐给了智诜。智诜是四川资州德纯寺的僧人，回到四川时就把达摩衣钵带回四川了。根据敦煌发现的《历代法宝记》记载，达摩衣钵在四川智诜一系中传了许多代，或许今天还在四川呢。我是山西人，抗日战争时到成都，我总感到四川与佛道有很深的缘分，四大名山之一的峨眉山就在四川。而禅宗许多著名的大师，如马祖、圭峰宗密、德山、圆悟克勤等都是四川人，或在四川弘法。加上传说中的达摩衣钵据说也在四川，四川与禅宗的关系更显得有点神秘性了。当然，有的史料记载达摩袈裟并没有被武则天送人，而是留在宫内，唐德宗梦见六祖向他索回袈裟，他就把达摩衣钵送回曹溪了。总之，围绕达摩衣钵的传说很多。宗宝本《坛经》没有谈到被武则天要去，而六祖把袈裟送给了塑像大师方辩。奇怪的是，方辩也是四川人啊！这里面有什么消息呢？我们今天在这儿讲《坛经》，我总感到四川与禅宗有缘，四川对振兴禅宗有特殊的因缘和责任。

书归正传，六祖为什么要推辞武则天的礼请而不到京城去呢？一般人可能要说，到了京城，见了皇上，就可以弘扬禅宗啊！这是庸俗和简单的看法。现在有的人惟恐不为人知，如果有个大人物看上他了，再与什么海外关系拉上了钩，觉都睡不着。到大地方逛逛，到海外走走，开开眼界，增点见识有什么不好呢？作为世间知识，或者搞点经济和名望，当然可以，如果是见道，那就大可不必了。道并不在长安，不在纽约、巴黎、伦敦，也不在香港，要开悟，要修行，那里也未见得适合于你。如果你自认为开悟了，见道了，与天地万物为一体了，你那个心是不会动的。六祖不到京城，不见武则天，没有他的道理吗？这里就可看到六祖的定力和功夫了。其中表现了六祖多大的智慧啊！你想，神秀在那里地位是那么高，势力是那么大，除了禅宗的心印衣钵这一点外，神秀无论学问、相貌、口辩、年纪、地位都比六祖强。六祖是南方人，政治上也没有本钱，而且他传的法与神秀有差别，到了洛阳一定会引起意想不到的矛盾和纷争。正如《坛经》所谈到的情况"二宗主虽亡彼我"，六祖与神秀本人之间虽不会有什么冲突，但"徒侣竟起爱憎"，下面的弟子们则早就剑拔弩张了。六祖在广东，北宗弟子尚敢多次来找麻烦，甚至派人行刺，那六祖到了他们的地盘上，会有什么后果呢？如果说六祖为法忘躯，必须到中原传法，那就必然会引起争斗，从大处讲，对佛法不好，毕竟都是佛教嘛，都是五祖的传人啊。从小处讲，六祖未见得必胜，很可能失败，所以他不去，这是需要大智慧才能抉择啊，稍有一点利禄的私心，能这样做吗？

六祖对薛简的回答也很有趣，通过前面的学习，现在大家都不会陌生了，如薛简对坐禅所提出的问题。对于坐禅，佛教中历来认为，若想学道，必须坐禅习定，这是印度传来的一贯主张，神秀的北宗，就是讲究坐禅的。他们认为要解脱，要了生死，不坐禅习定是不可能的。而六祖的主张不同，六祖主张是："唯论见性，不论禅定解脱。"为什么呢？六祖说："道由心悟，岂在坐耶。"没有智慧，没有明心见性，你坐上千秋万载又有什么意义呢？六祖又引《金刚经》的道理说："若言如来若坐若卧，是行邪道。""何以故呢？无所从来，亦无所去啊！"从形式来看佛，从外表上来认识，那就不是正道，佛的道理不在坐，不在卧，不在行，也不在住，不在生，不在死，不在这种种的一切相上，你若在外在的形象上见佛，那就错了，你若能"见诸相非相，即见如来"。所以你看怀让接引马祖那一套手段，不是现身说法吗？佛、佛性是"无所从来，亦无所去"的，你在那儿坐禅习定，一方面执著于相，另一方面是企图有所来去，这当然不能说不是禅，但是凡夫禅，哪怕你四禅八定都坐到了家，还是凡夫，智慧没有开嘛。你要想从坐禅中得到佛的知见，没有般若怎么行。所以要牢记六祖这句话："道由心悟。"

在禅宗里，真正见性了，才知道过去用功都是白费，本来就是佛嘛，用了那么多的工夫，得到的不外是"今日方知我是我"。五代时有个比丘尼的证道诗很能说明这个问题。

> 竟日寻春不见春，芒鞋踏破岭头云。
>
> 归来却把桃花嗅，春在枝头已十分。

无生无灭，并不是离开了生灭，世间的一切都是在生，都是在灭。深入佛教后，见了道后，你就可见到生灭之中的那个不生不灭。"因缘所生法，我说即是空，亦为是假名，亦为中道义。"这是佛法的心要，千万要记住。一切东西都是有条件构成的，条件消失了它就不存在了。有个"假名"就有它的作用。若离开"假名"另外还可以找个什么是找不到的。这个偈语把三藏十二部都包括在其中了。最后证悟了什么呢！"春在枝头已十分"，现成得很啊，用不着你去追求，用不着你去制造，春天本来就是在这儿嘛。

六祖关于明暗的开示也很精到，一般人总是对明暗对立起来，把烦恼菩提对立起来。但是"道无明暗，明暗是代谢之义"，你如果在明暗之中去寻道就错了。还是那一句，"一切万法不离自性"，明也是它，暗也是它。洞山的《宝镜三昧》有两句可以作为六祖这里的注解： 夜半正明，天晓不露。天黑了，万物都暗了，你的自性并没有暗，它正光明着哩！天亮了，阳光普照，你的自性也不会随之而明显了。为什么呢？这些明暗都是客尘，都是外境，都在自性中生灭，而这个自性动都未动。

有个和尚问大随法真禅师："劫火洞然，大千俱坏，不知这个还坏不坏？"——我们这个自性还坏不坏？大随说："坏！"那个和尚弄不清楚，又问："那么就不得已必须随它去，随它坏了吗！"大随说："是的。"那个和尚不服，认为自性是不生不灭的，怎么会坏呢？于是又去请教投子大同禅师。他把与大随的谈话向投子介绍了，投子马上向西方礼拜，说："想不到西川有古佛出世。"（这个大随和尚也是四川人）这个道理讲明白了不好，大家可以参一参。坏，在道内还是道外呢？若在道外，那又什么是道呢？若是道内，那道会坏吗？成与坏是相对的。金刚不坏之体是包括了低层次的坏与不坏，你真的懂得了，那成也是它，坏也是它，生也是它，死也是它，你就得大自在了。不过须要点明的是，针对那个和尚执著于那个'不坏'、放不下，大随、投子是大宗师，就是要把他的那个执著破了，这才是禅宗的作略，并不是要在理论上给你辩论什么坏与不坏。

修道的人以智慧照破烦恼，这是教下传统的说法，也没有什么不对，但禅宗却在这里向上提持。六祖认为，智慧与烦恼是二，不是不二，从体上来讲，烦恼即菩提，所以禅宗从高一层的意义上讲，是不断烦恼的，断烦恼等于断了菩提。所以既不重于菩提，也不畏于烦恼，而只重明心见性，这个问题谈得多了，这里就不多讲了。

见了道的人是有气象、有力量的。检验一个人修行的标准是什么呢？俗语说："实践是检验真理的唯一标准。"对于修行人来说，我们就要听其言，观其行。有的人著书立说，你一看里面的道理高得很，头头是道，但看他的行为呢？却不那么像，总觉得说是说得极好，但行为上总不是那么回事，要注意这个差距。所以六祖一再强调"心行"，要把学到的理论用在实践中，要把佛说的道理放在身语意三业的修待上。六祖是见了道的，而且是祖师，在当时就是法王，他是有力量。武则天是了不起的皇帝，是人王，可以主宰国内的一切，但却支配不了六祖，大家要体会见道的力量。所以说："既为法王，何慕人王。"佛法的力量，是超越世间的。

付嘱品第十

这是《坛经》最后一品，里面涉及禅宗内部的一些法数，很重要。你要出世，要在世间度化众生，没有相应的本领手段是不行的。六祖大师在这一品中所谈到的法，既是宗门内的家法，对学禅者起到教材的作用。更是对外应机接机的方便。六祖是把世间法相吃透了的。对分别思维那一套了如指掌，懂得了六祖所说的这些法，你自己对内对外就有了一个准则，就不会是外行了。以后禅宗内五家七宗虽各有各的纲宗，但都不能超出六祖在这一品中所说到的那些范畴。

另外，在佛教内，特别是禅宗内，祖师临终，都有所付嘱——对弟子们有一定的交待，里面很有一些要抉择的问题。在这里我们应好好地研究一下。

对法与禅宗的纲宗

师一日唤门人法海、志诚、法达、神会、智常、智通、志彻、志道、法珍、法如等，曰："汝等不同余人，吾灭度后，各为一方师，吾今教汝说法不失本宗。先须举三科法门，动用三十六对,出没即离两边,说一切法,莫离自性。忽有人问汝法,出语尽双,皆取对法,来去相因。究竟二法尽除,更无去处。

三科法门者,阴、界、入也。阴是五阴:色受想行识是也。入是十二入,外六尘:色声香味触法;内六门:眼耳鼻舌身意是也。界是十八界:六尘、六门、六识是也。自性能含万法,名含藏识;若起思量,即是转识。生六识,出六门,见六尘,如是十八界,皆从自性起用。自性若邪,起十八邪;自性若正,起十八正。若恶用即众生用,善用即佛用。用由何等?由自性有。

对法外境,无情五对:天与地对,日与月对,明与暗对,阴与阳对,水与火对,此是五对也。法相语言十二对:语与法对,有与无对,有色与无色对,有相与无相对,有漏与无漏对,色与空对,动与静对,清与浊对,凡与圣对,僧与俗对,老与少对,大与小对,此是十二对也。自性起用十九对:长与短对,邪与正对,痴与慧对,愚与智对,乱与定对,慈与毒对,戒与非对,直与曲对,实与虚对,险与平对,烦恼与菩提对,常与无常对,悲与害对,喜与瞋对,舍与悭对,进与退对,生与灭对,法身与色身对,化身与报身对,此是十九对也。师言:此三十六对法,若解用,即道贯一切经法,出入即离两边,自性动用,共人言语,外于相离相,内于空离空。若全著相,即长邪见,若全执空,即长无明。执空之人有谤经。直言不用文字,既云不用文字,人亦不合语言,只此语言,便是文字之相;又云直道不立文字,即此"不立"两字,亦是文字;见人所说,便即谤他言著文字,亦是文字;汝等须知自迷犹可,又谤佛经,不要谤经,罪障无数。若著相于外,而作法求真,或广立道场,说有无之过患,如是之人,累劫不可见性,但听依法修行。又莫百物不思,而于道性窒碍。若听说不修,令人反生邪念。但依法修行无住相布施。汝等若悟,依此说,依此用,依此行,依此作,即不失本宗。

若有人问汝义,问有,将无对;问无,将有对;问凡,以圣对;问圣,以凡对;二道相因,生中道义。如一问一对,余问一依此作,即不失理也。设有人问何名为暗?答云:明是因,暗是缘,明没则暗,以明显暗,以暗显明,来去相因,成中道义。余问悉皆如此。汝等于后传法,依此转相教授,勿失宗旨。

禅宗是佛教内的一个宗派,佛教的思想体系,就是禅宗的思想体系,全部佛教都是禅宗的基础,如果说禅宗有什么特殊的地方,那也只是在方法上和佛教内的其他宗派有所不同而已,最根本的目的和理论基础是完全一致的。

你看,六祖在这一品中,就向大家介绍三科三十六对,这些本来就是教下的,不过六祖根据禅宗的特点而加以归纳,作为自己的教学纲领。三科就是五阴、六入、十八界。我们在前面已经讲过,这里不妨再结合着谈一谈。五阴就是五蕴,说简单点就是心和物,就是物质的肉体和我们的精神——心,在五蕴中,心被分为受想行识这四部分,为什么要分得如此之细呢?因为每一蕴的功能不同,各有各的认识对象。人在环境中生存，每时每刻都面对着自己的环境，没有这个环境就没有心，没有这个心也就没有相应的环境了。

心的作用，首先是有感受，也就是因为外缘的刺激而引起心内的感受，也才有所谓的心理活动。感受之后就要想，就要对所感受的东西加以整理、归纳。行是什么呢？简单地说行就是行动。外来的刺激引起了思想的活动，有了认识，接下来就行动。识又是什么呢？识具有了别的功能，就是对外境、对受想行都有再认识、再归纳、再整理的作用，对内对外起到领导的作用。

五蕴就会成了这么几个方面。你看，这个还是"因缘所生法"，所以我们说"五蕴皆空"。若从另一个角度来分，就成了眼耳鼻舌身意六种，又叫六根，也叫六门。与这六个相对应的就是色声香味触法，又叫六尘，也叫六入。六根与六尘加在一起就是十二处。六根、六尘相互作用产生六识。从简单的眼界、色界到眼识界，再从耳界、声界到耳识界，乃至意界、法界、到意识界，总共十八界。人生宇宙、万事万物都不出这十八界。为什么叫界呢？界就是领域，就是界线，它们各处于自己的领域界线之内而不产生混乱。如颜色和眼睛是一对，它不可能和耳朵连在一起，眼睛是听不到声音、嗅不到气味、摸不到软硬冷暖的，这些功能不能乱。因为有其他相应的根和识。所以宇宙万物尽管复杂，但它并不混乱，因而才有因果，才能建立稳定的认识世界。

六祖为什么要在这里大谈这些内容呢？我想六祖是有其用

意的。因为禅宗讲"直指人心，见性成佛"，这看来很简单，又不立文字，书也不必看。这对自己，你有那个因缘，你开悟了，这个路子当然对。但如果要给众生说法呢？太简单了不行。如同现代有的人学祖师，任何人来请教，他都不开腔，什么都不说，那怎么行。要度众生，总得有相应的手段，自己对佛教的法相也不能是外行，不然怎么能算是佛教呢？所以，作为一个佛教徒，四谛、十二因缘、八正道、五蕴、六根六尘、十八界、六度万行这一类基本知识是应该知道的。而作为一个法师或禅师，更应对此有深入的研究，你才能给众生说法，也才能度人。现在讲法相的人讲"谛、缘、度、蕴、处、界"，这是法相的总纲，谛、缘、度是佛教修行的总纲，而蕴、处、界则是对宇宙现象总的分类。把这六个字的原理弄通了，那么，整个佛教的纲领也就抓住了。以后不论你学禅宗、天台、华严、唯识、净土，哪怕密宗，才有基础，也才能深入，不懂这些，那么你对佛教内的任何宗派都没有入场券。

对那些学习禅宗的人而言，仅仅知道什么"心外无佛""即心即佛"、"直指人心"是绝对谈不上了事的，而且是危险的。你必须学习佛教的基础理论，了解佛教的思想体系后，才能选择某一宗派进行专修。你若对禅宗感兴趣，还是得屈尊就驾，先学习基础知识，再拜一位老师指导才行。而对于禅宗内的师家而言，就必须精熟这一切，而且要具备使用六祖这"三十六对法"的功底，不然盲棒瞎喝一气，成何体统。

"动用三十六对"是六祖的说法，当然还可以更加精确和详细地分下去，百对、千对、万对都可以。你把古人做的律诗统计一下，里面的对子就更多了。六祖在这里把三十六对提出来，作为一个纲领交给弟子，以后禅宗内各宗各派都有自己传法的方式和系统，都是发源于此。沩仰、临济、曹洞、云门、法眼这五宗，各有各的教育方式和传法方式，他们称之为"纲宗"。纲宗是极难讲的，在宗门内的争论历来就很大，更不用说教下了。不讲吧，不行；讲吧，各类纲宗的用语都非常暧昧，如同道家的丹经一样，要想得到确切的道理是不容易的。这是我们要把禅宗思想和体系提高到一定的学术地位上去而必须努力的大课题。好在六祖这三十六对很平实易懂，这是各家纲宗之源，懂了六祖这三十六对，对以后深入禅宗各大宗派的设施就有了本钱。下面我们看看对法。

有东就有西、有南就有北、有此就有彼。世界一切法都是相对而存在，都是相反而相成。六祖说："此三十六对法，若解用，即道贯一切经法，出入即离两边。"我们在修行中自我观照也好，为他人宣传佛法教义也好，都应懂得对法的原理，若不懂，就会落在一头，惹出笑话。所以要："出语尽双"、"来去相因"。人们的认识活动，总是被局限在这样一个狭隘的空间之中，康德那个著名"二律背反"，就指出了其中的要害。宇宙有没有始终呢？如果认识从没有上论证，就会确证其没有始终；如果从有上论证，就会确证其有始终。人的认识是有限的，是正确的肯定判断；人的认识是无限的，同样是正确的肯定判断，而且都可以证明。古往今来，不知有多少哲学家在这上面翻来覆去，但总超不出这个"对法"。但禅宗下手处不同，它要求你要"言语道断，心行处灭"，就要离开这个"两边"，要知道，思想和认识离开了对立就无法展开。学禅宗的人天天在批评"分别思维"，但不知道这种"批评"，实质上仍没有离开这个"两边"，一边是"分别思维"，一边是否定分别思维。所以仅仅在思想上、语言上"出没即离两边"是不够的；因为我们的自性、佛性这个道本来就不在这个"两边"，而又包括了这"两边"。

六祖这里的"出没即离两边"、"出语尽双"、"来去相因"，是见道后本体的自发作用。是认识的最高作用，它对人对事，自然而然地处于"两边三际断"的作用中。你执著于东，给你说西；你执著于有，就给你说空；你执著于秽，就给你说净；你执著于过去，就给你说现在；你执著于无常，就给你说常；你执著于烦恼，就绘你说菩提。反过来也一样，总要使人回头，要使人从所执迷的情境中解脱出来。这样，"二道相因，生中道义"，你才可能开悟，可能见道。下面举几个例子，其实这类例子前面已经有了，但不妨再举。

有人问赵州狗子有没有佛性，赵州说没有，那个人不服，说："佛说一切众生都有佛性，你为什么说这条狗就没有呢？"赵州说："因为它有业识在嘛。"你执著于一边，一团业识，有无佛性对你自己有何相干呢？另一个人也问赵州狗子有没有佛性，赵州这次却回答有。那个人问，"狗既然有佛性，它怎么会变狗而不变人呢？"赵州说："那是因为明知故犯啊！"你执著于有，赵州就说无，你执著于无，赵州就说有。所以，法是活的，因人而异，没有什么现成的真理让你死记硬背。禅宗是怎样使用对法的呢？禅宗内有一行活就是"杀活纵夺"，你执著于活，就用杀接你，你执著于杀，就用活接你；你执著于夺，就用纵接你，你执著于纵，就用夺接你，下面看临济大师的开示：

> 有时夺人不夺境，有时夺境不夺人。
>
> 有时人境两俱夺，有时人境俱不夺。

在《五灯会元》中，这类例子很多。如有人问德山如何是佛，德山回答说："佛是西天老比丘。"佛是圣，但老比丘却是凡。洞山设了一问："万里无寸草处作么生去？"很久没有人回答得了，石霜庆绪听到后，回答说："出门就是草。"仍然是以凡对圣。有人问赵州："如何是祖师西来意？"赵州说："庭前柏树子。"那人说："和尚莫以境示人。"赵州说："我不将境示人。"仍然用的是对法。有个和尚问百丈："如何是佛？"百丈说："你又是谁呢？"投子大同参翠微时问："二祖见达摩时有何所得呢？"翠微反问他："你今天见我时又得到什么呢？"等等等等，例子可多了，尽是对法，全是接人对机时的妙语。所以学禅宗的人要细心，千万不要错过机会，我们不提倡空心净坐，念头任它在心中自生自灭，但是就在这无穷尽生灭之中，你想过对法的妙用吗，或许在那一念闪动之时，好消息就来了。这里还须强调一下，你真的到了那个境界，有所悟入的时候，有烦恼固然不对，但心里若还有个佛也是不对的。真正彻悟之时，一切法空，烦恼没有，佛也没有。有个人问云门大师如何是佛，云门的回答很可怕，他怎么回答的呢？他说"干屎橛！"你若达不到凡圣全扫的境界，心里还有个佛，这个佛就成了你的障碍，就成了放在心里的干屎橛。大慧杲为亡僧下火时有个偈子很好：

> 山下麦黄蚕已断，一队死人送活汉。
>
> 活人浑似铁金刚，打入洪炉再锻炼。

在这里，死人是活的，活人是死的。上面曾举过的"无情说法"，和那些"枯木龙吟"、"骷髅眨眼"、"泥牛入海"、"石女起舞"等等，全是这一类例子。平时读公案，碰到这些简直不知所云，但如果你明白了六祖大师"对法"的道理，看到这类公案就会会心一笑了。一般人看问题停留在低层次，俗话说"非类勿比"。说西东、死活、长短等就合乎逻辑，能理解。但层次一高，超出了这个层次，超出了这个逻辑，一般人自然就茫然了。下面再看禅宗祖师们常引的那个"法身偈"：

> 空手把锄头，步行骑水牛。
>
> 人从桥上过，桥流水不流。

这里的"比"超越了常规的"类"，更使人摸不着魂头。为什么呢？本来最高处的道理是不可说的，一旦说出来，就不是最高的了，就落在了相对的"二"中，不是"不二"了。对法的妙处，一是指出你的片面和局限。第二，也就是向你提持最高的那个东西。所以祖师们的答话，必须具备这种作略。

有一次，赵州在对众说法，他的一个徒弟来捣蛋，说："老和尚，听说佛是不违众生愿的，有没有这回事啊？"赵州说："是有这回事。"徒弟说："我太喜欢你老人家的那根挂杖了，那你送我吧？"赵州说："君子不夺人之好。"徒弟说："既然佛不违众生愿，你为什么舍不得这根挂杖呢？"赵州说："我也没有说过我是佛嘛，为什么要给你呢？你若是君子，就不能夺人之好啊！"，这里，你再看六祖大师对"黄梅意旨什么人得"的回答，才明白了"我不会佛法"的含义，不然，你就会陷在麻烦中。

这里再补充一点，《中论》在开篇时有一个偈子非常重要："不生也不灭，不断也不常，不一也不异，不来也不去。"这里，没有绝对的相同，也没有绝对的相异。生灭、断常、一异、来去都是相对的概念，都有相反的意义。《中论》又说："能说是因缘，诸法因缘生，善灭诸戏论。"怎样才能说明这个道理呢？那就只有用缘起来说明。而"戏论"，则违背了缘起法的道理。我们说"一"，你在哪儿能找到这个"一"呢？离开"二、三……"你找得到这个"一"吗？所以这个"一"不是单纯的、独立的，它必然处在众多的数中才能成立。所以生灭、断常、一异、来去，彼此间都是相反相成的，谁也离不开谁，把这个道理推演到万法之中，就是缘起法，只有在缘起之中，你才能见真实。所以六祖反复强调，要："依此说，依此用，依此行，依此作，即不失本宗"，"汝等于后传法，依此转相教授，勿失宗旨"。《付嘱品》里六祖付嘱什么呢？就是这个"对法"，大家学习时一定要注意。

面临生死时的自在

师于太极元年，壬子延和七月，命门人往新州国恩寺建塔，仍令促工，次年夏末落成。七月一日，集徒众曰："吾至八月，欲离世间，汝等有疑，早须相问，为汝破疑，令汝迷尽。吾若去后，无人教汝。"法海等闻，悉皆涕泣。惟有神会，神情不动，亦无涕泣。师云："神会小师，却得善不善等，毁誉不动，哀乐不生，余者不得。数年山中。竟修何道？汝今悲泣，为忧阿谁？若忧吾不知去处，吾自知去处，若吾不知去处，终不预报于汝。汝等悲泣，盖为不知吾去处，若知吾去处，即不合悲泣。法性本无生灭去来，汝等尽坐，吾与汝说一偈，名曰真假动静偈，汝等诵取此偈，与吾意同。依此修行，不失宗旨。众僧作礼，请师作偈。偈曰：

一切无有真，不以见于真。

若见于真者，是见尽非真。

若能自有真，离假心即真。

自心不离假，无真何处真？

有情即解动，无情即不动。

若修不动行，同无情不动。

若觅真不动，动上有不动。

不动是不动，无情无佛种。

能善分别相，第一义不动。

但作如此见，即是真如用。

报诸学道人，努力须用意。

莫于大乘门，却执生死智。

若言下相应，即共论佛义。

若实不相应，合掌令欢喜。

此宗本无诤，诤即失道意。

执逆诤法门，自性入生死。

时徒众闻说偈已，普皆作礼，并体师意，各各摄心，依法修行，更不敢诤，乃知大师不久住世。法海上座再拜问曰："和尚入灭之后，衣法当付何人？"师曰："吾于大梵寺说法，以至于今，抄录流行，目曰《法宝坛经》。汝等守护，递相传授，度诸群生。但依此说，是名正法。今为汝等说法，不付其衣。盖为汝等信根醇熟，决定无疑，堪任大事。然据先祖达摩大师付授偈意，衣不合传。"偈曰：

吾本来兹土，传法救迷情

一华开五叶，结果自然成。

师复曰：诸善知识，汝等各各净心，听吾说法。若欲成就种智，须达一相三昧，一行三昧。若于一切处而不住相，于彼相中不生憎爱，亦无取舍，不念利益成坏等事，安闲恬静，虚融淡泊，此名一相三昧。若于一切处，行住坐卧，纯一直心，不动道场，真成净土，此名一行三昧。若人具二三昧，如地有种，含藏长养，成熟其实。一相一行，亦复如是。我今说法，犹如时雨，普润大地。汝等佛性，譬诸种子，遇兹沾洽，悉皆发生。承吾旨者，决获菩提，依吾行者，定证妙果。听吾偈曰：

> 心地含诸种，普雨悉皆萌。
>
> 顿悟华情已，菩提果自成。

师说偈已，曰："其法无二，其心亦然，其道清净，亦无诸相。汝等慎勿观净，及空其心。此心本净，无可取舍，各自努力，随缘好去。"尔时徒众，作礼而退。

熟悉《景德传灯录》，《五灯会元》的人都知道，祖师要圆寂了，总在事前要先给弟子们打个招呼，一方面大家有个准备；二是让那些有疑的赶快来问，这的确是对众生负责的表现；第三是，老和尚修行了那么多年，只说是开悟了，见了道了，解脱于生死了，是不是真有其事呢？中国人有"盖棺论定"的习惯，你当了祖师，了了生死，总要拿点凭据给大家看看嘛。所以，尽管禅宗不提倡神通，但临终之时，那些祖师们总要表现点自由于生死的节目给大家看看，增强弟子们的信心，让他们知道，这个事是真的，不是假的。

六祖大师这里就是现身说法，他在一年前就准备圆寂了，让弟子们把灵塔建好。然后又提前一个月说他某天某时要走，在生死中没有得到自由的人，做得到这点吗？何况，六祖也没有得什么病，在这一品可以看到，他老人家头脑清醒得很，与平常没有两样。有的人会说，既然得了道，怎么不活过几百岁呢？怎么不长住于世间呢？说这种话的是外行，绝不是佛教徒。要知道，不生不灭就在这个生死之中啊！离开了这一个生死，你是找不到什么涅槃的。佛住世八十年还要涅槃，何况其他，想长生不老就是邪见，是贪欲！六祖在生死中得了自在的，所以才敢说："吾自知去处，若吾不知去处，终不敢预报于汝。"没有把握，是要闹笑话的。下面我们举几则祖师们圆寂时的公案，大家看看，里面能说明什么问题呢？

马祖有个弟子叫邓隐峰，住在五台山，他圆寂时对弟子们说："诸方大德圆寂，有的坐着，有的睡着，大家都看见过。你们中看到过站着圆寂的吗？"弟子们说："虽然站着圆寂的不多见，但还是看见过。"邓隐峰又问："那你看见过倒立着圆寂的吗？"弟子们说："这太稀奇了，没有看见过。"邓隐峰于是就表演了一个倒立，弟子们以为他疯病发了，去拉他，谁知他已经圆寂了。更奇怪的是，他身上穿的僧袍仍然贴身，并没有翻下来。这一下把整个五台山都轰动了。邓隐峰有个妹妹是五台山的比丘尼，听到消息后赶来一看，不满意地说："你这位老兄啊，生前不遵循律仪，死了还更惑众吗？"于是用手一推，邓隐峰才倒了下来。这是一例，再看：

宋代汾阳善昭与龙德府的府尹是朋友，这位朋友请他到所

管辖的承天寺来任住持。派人请了三次，汾阳昭都谢绝了。去
请的人没有完成任务，受到府尹的严厉处罚，再派他去请，如
果再请不来，派去的人就得掉脑袋。这个人很害怕，把情况给
汾阳昭说了，跪着不起来，求汾阳昭救命，汾阳昭说："好，
我去。"于是设素筵招待他，正吃着，汾阳昭把筷子一放，
说："我先走一步了。"大家一看，这个老和尚就这么圆寂
了。当然，他那个当府尹的朋友听到后非常后悔。这样的例子
很多，但最奇怪的是洞山良价禅师。

洞山也是预先通知大家某年某月某日他要圆寂，圆寂时做
的那个辞世偈就极好：

> 学者恒沙无一悟，过在寻他舌头路。
>
> 欲得忘形泯踪迹，努力殷勤虚空步。

偈子做完了，从从容容地剃发、沐浴、披衣，再向大家告
别，于是就坐化了。但弟子们舍不得他，哭声震天，并且从早
哭到晚，一直哭到第二天。这时，洞山忽然睁开眼睛，批评他
们说："你们这样像出家修行的人吗？真正修行的人是哀乐不
入，心不附物。你们这样劳生惜死，真是太痴愚了。"于是吩
咐庙上办"愚痴斋"，大家舍不得，过了七天才把斋办好。洞
山与大家一起把斋吃完了，说："出家的人就是无事的人啊，
到了临终出行的时候，千万不要哭闹。"说完，回到方丈，长
坐而去。你看，这是多大的本事，绝不是一般夸夸其谈的人做
得到。这些公案，告诉我们什么呢？

第一，既是学佛，就必须知道三世因果，知道万法皆空的道理，要相信真有解脱之道。佛法不是一般的知识和学问，你也不要仅停留在知识和学问上，修行修行，那要放在自己的性命上修行，要得受用。平常没有受用，到最后时，你能有这个力量吗？要知道，祖师们的这些本事，只是在最后那一着时才表演给大家看一下，实际上功夫早就有了，只是怕引起大家的妄念，隐而不露罢了。这个功夫从哪儿来的呢？有其果必有其因。六祖大师在下面指出了你用功的方法。

六祖说："若成就种智，须达一相三昧、一行三昧。"一行三昧在前面已经谈过一些，这里结合一相三昧再谈一下。一般人的智慧只是世间的聪明伶俐而已。你若证了空性，证了万法皆空的道理，就得了一切智，又叫根本智。有了根本智，你就得到了解脱。一切种智又叫一切智智。只有佛才具有，也就是不仅能洞悉万法的共相，而且通穷尽一切事物的差别相。一相三昧就是在性空这个问题上得定，得决定见，不论善恶、美丑、因果、凡圣、生死、烦恼菩提等等，你都能"无取无舍"，"不生爱憎"，也就是做到不住色生心，不住声香味触法生心，这样，你就实践了一相三昧。一相三昧是在念头上，而一行三昧则重在行为上，你一相三昧到家了，一行三昧也做到了，它们同体而异名。你平时若在这上面用功，久而久之，你的身体生理就会发生一些变化，这并不是很神奇的事。新陈代谢的奥秘一般人不明白，新陈代谢就是生死，不过不那么明显。一睡一醒之中也有生死，念头的生灭也是生死。只不过这些大家是熟视无睹，认为只有放进棺木才是死。我们平常的觉性都被种种杂念、烦恼遮障了，自己不认识自己，如果你照六祖所说的，达到了一行三昧和一相三昧，进而明心见性，你的那个身体的变化就大了。你的觉性，才会从浊乱的烦恼、杂念中澄清出来，这样，对生死，对三世因果就会看得清清楚楚，并且可以在自己的身体、业命中获得自由。

有几位同学多次问到丹道的问题，本来这里不是讲丹道的地方，不过接着上面的话题我提示一下。什么是丹呢？丹道家认为，修行若要达到不死，不去外面胡乱投胎，就得预先自己给自己准备个胞胎，到了一定的时候，让自己的神识进入这个丹里，就不死了。许多讲丹道的人连这点都不明白，结丹干什么呢？弄个皮球来好玩吗？人是要死的，死了要投胎，要继续活下去，但这个躯壳却不听使唤了，坏了，怎么办呢？有了丹就不怕了，神识在丹里面，你就得到了再生之机，而且就是自己生自己，不要受牛胎马腹之苦了。

结丹的道理又何在呢？人身都有阴阳二气流转不息，阴阳二气不转了，就成了死人。要结丹，就得把自己的阴阳二气调好。丹道家认为，阴阳二气是经常见面的，也与父母交合的道理一样要结胎。但你不能使唤自己的阴阳二气，所以就结不了丹，你若能使唤它们，让它们交合成功，丹也就成了。阴阳二气交合不在多，只一次就可以结丹了。有的人讲今天一个周天，明天一个周天，简直是闹笑话，你那点阳气，就这样被折腾消耗了，还结什么丹！阴阳二气有自己运行的规律，它是自己运动流转的，你若把住了火候，丹就结成了。另外，结了丹你自己会知道，肚子里的确有个东西，而且身体也会起变化，饭量会少，睡眠也会少，但精神越来越好，心情也越来越好。阴阳二气交合的感受是非常美的，超过人间的一切享乐的感受，真是舒服无比，全身任何地方都在欢喜。结丹后你随时都可以让阴阳二气交合而养丹气。张三丰的大道歌说："百日归一见笑颜，看准阴阳往上翻。即见黄婆为媒娉，婴儿姹女两团圆。美不禁，谁能言，浑身上下气冲天。丹田直上泥丸顶，降下重接落丹田。顷刻间，水火既济通宵眠，百日归老返童颜"。真的有这一套学问啊！抗日战争时期我在成都认识的赵升桥老先生就是这方面的通家，他老人家是一位篾匠，那个功夫真是少见。

禅宗是不讲丹道的，只讲明心见性。性却不是修炼而成的，而丹则必须自己阴阳交合而成。佛家对丹道的看法是，那仅是一种方式，可以多活几年而已，丹也终究要坏的，道家那套方式是得不到究竟的，因为丹也是因缘所生的啊！即使活上千年、万年，必然有坏的那天。而禅宗认为我们的这个性是本来就有的，用不着你去修，天地形成之前它就有了，天地坏了它仍然存在。所以学禅宗用不着去结丹，只叫你明心见性。见性之后，身上的一切气都可以集中起来。对此，佛教不叫丹，也不叫阳神，而有一个名字叫意生身，意生身同样有丹和阳神的作用。但意生身也离不开性，空了就不坏了，有就非坏不可。彻底空就彻底不坏，没有什么力量能毁坏它。什么是金刚？空就是金刚。意生身是全体的空，所以不坏。道家的基础不是建立在空上，出阳神与意生身似乎有点类似，但本质是不同的。禅宗叫你明心见性，见性之后则万法俱具，怕就怕不能见性。一旦见性，千万亿化身凭空而出。出阳神与细胞分裂相似，一个变两个，两个变四个，也能有所变化，但毕竟不能与见性相比。在这个意义上说，禅宗那些来去自由的祖师们，不必说得了菩萨果、罗汉果，最起码的也是成就了意生身。如果是证了罗汉或初地，哪怕是得了意生身，你还会稀奇那些丹吗？

丹道的祖师张紫阳，在其《悟真篇》里讲金丹，讲性命双修。内篇讲金丹，外篇讲明心见性。他讲金丹时赞叹金丹如何如何殊胜，但到了最后说一句话，"性功不彻，命功不圆"。光修命不修性是得不到圆满的。到了最后，性就是命，命就是性。要知道，道家的丹道理论和实践，真正发展成熟是在宋元时代，那时在国内是禅宗的一统天下。儒家要向禅宗学习和吸取养料，道家同样在向禅宗学习、吸取营养。吸取的是什么呢？就是明心见性。如果大家有兴趣看丹经就可以知道，宋元明清的丹经，几乎没有不谈禅的，几乎没有不讲明心见性的，只不过换成了道家的术语而已，同时你可以看到，他们讲金丹是很精彩，但讲明心见性，这套功夫就远远不如禅宗内的祖师了。这也许叫隔了行吧。要知道，道家尽管批评禅宗"修性不修命"，但对禅宗的明心见性都非常留心。而禅宗呢，也不是没有谈到胎，马祖就说过"著衣吃饭，长养圣胎"，明心见性

就是结胎，圆悟克勤给他的弟子说："胎要养得熟，死后得意
生身，天上人间任你住去。"禅宗内虽然有些地方讲圣胎，不
过是对明心见性的借喻，学佛就学佛，不要把自己修行的路弄
死了。

禅宗的法统和力量

　　大师七月八日，忽谓门人曰："吾欲归新州，汝等速理舟
楫。"大众哀留甚坚。师曰："诸佛出现，犹示涅槃，有来必
去，理亦常然。吾此形骸，归必有所。"众曰："师从此去，早
晚可回？"师曰："叶落归根，来时无口。"又问曰："正法眼
藏，传付何人？"师曰："有道者得，无心者通。"又问："后莫
有难否？"师曰："吾灭后五六年，当有一人来取吾首。听吾
记曰：'头上养亲，口里须餐，遇满之难，杨柳为官。'"又云：
"吾去七十年，有二菩萨从东方来，一出家，一在家，同时兴
化，建立吾宗，缔缉伽蓝，昌隆法嗣。"问曰："未知从上佛祖
应现已来，传授几代？愿垂开示。"师云："古佛应世，已无量
数，不可记也。今以七佛为始，过去庄严劫，毗婆尸佛，尸弃
佛，毗舍浮佛，今贤劫拘留孙佛，拘那含牟尼佛，迦叶佛、释迦
文佛，是为七佛。释迦文佛首传摩诃迦叶尊者，第二，阿难尊
者，第三，商那和修尊者，第四，优婆毱多尊者，第五，提多迦
尊者，第六，弥遮迦尊者，第七，婆须蜜多尊者，第八，佛驮难
提尊者，第九，伏驮蜜多尊者，第十，胁尊者，十一，富那夜奢

尊者,十二,马鸣大士,十三,迦毗摩罗尊者,十四,龙树大士,十五,迦那提婆尊者,十六,罗睺罗多尊者,十七,僧伽难提尊者,十八,伽耶舍多尊者,十九,鸠摩罗多尊者,二十,阇耶多尊者,二十一,婆修盘头尊者,二十二,摩拏罗尊者,二十三,鹤勒那尊者,二十四,师子尊者,二十五,婆舍斯多尊者,二十六,不如蜜多尊者,二十七,般若多罗尊者,二十八,菩提达摩尊者,二十九,慧可大师,三十,僧璨大师,三十一,道信大师,三十二,弘忍大师,慧能是为三十三祖。从上诸祖,各有禀承,汝等向后,递代流传,毋令乖误。

大师先天二年癸丑岁,八月初三日,于国恩寺斋罢,谓诸徒众曰:"汝等各依位坐,吾与汝别。"法海自言:"和尚留何教法,令后代迷人得见佛性?"师言:"汝等谛听,后代迷人,若识众生,即是佛性;若不识众生,万劫觅佛难逢。吾今教汝识自心众生,见自心佛性。欲求见佛,但识众生,只为众生迷佛,非是佛迷众生。自性若悟,众生是佛;自性若迷,佛是众生。自性平等,众生是佛。自性邪险,佛是众生。汝等心若险曲,即佛在众生中;一念平直,即是众生成佛。我心自有佛,自佛是真佛,自若无佛心,何处求真佛?汝等自心是佛,更莫狐疑。外无一物而能建立,皆是本心生万种法。故经云:心生种种法生;心灭种种法灭。吾今留一偈,与汝等别,名自性真佛偈。后代之人识此偈意,自见本心,自成佛道。"偈曰:

真如自性是真佛,邪见三毒是魔王。

邪迷之时魔在舍,正见之时佛在堂。

性中邪见三毒生,即是魔王来住舍。

正见自除三毒心,魔变成佛真无假。

法身报身及化身,三身本来是一身。

若向性中能自见,即是成佛菩提因。

本从化身生净性,净性常在化身中。

性使化身行正道,当来圆满真无穷。

淫性本是净性因,除淫即是净性身。

性中各自离五欲,见性刹那即是真。

今生若遇顿教门,忽遇自性见世尊。

若欲修行觅作佛,不知何处拟求真。

若能心中自见真,有真即是成佛因。

不见自性外觅佛,起心总是大痴人。

顿教法门已今留,救度世人须自修。

报汝当来学道者,不作此见大悠悠。

师说偈已,告曰:"汝等好住,吾灭度后,莫作世情悲泣雨泪。受人吊问,身著孝服,非吾弟子,亦非正法。但识自本心,见自本性,无动无静,无生无灭,无去无来,无是无非,无住无往。恐汝等心迷,不会吾意,今再嘱汝,令汝见性。吾灭度后,依此修行,如吾在日。若违吾教,纵吾在世,亦无有益。"复说偈曰:

兀兀不修善,腾腾不造恶,

寂寂断见闻,荡荡心无著。

师说偈已,端坐至三更,忽谓门人曰:"吾行矣。"奄然迁化。于时异香满室，白虹属地，林木变白，禽兽哀鸣。十一月，广韶新三郡官僚，洎门人僧俗。争迎真身，莫决所之。乃焚香祷曰："香烟指处，师所归焉。"时香烟直贯曹溪。十一月十三日，迁神龛，并所传衣钵而回。次年七月二十五日出龛，弟子方辩以香泥上之。门人忆念取首之记，遂先以铁叶漆布，固护师颈入塔。忽于塔内白光出现，直上冲天，三日始散。韶州奏闻，奏敕立碑，纪师道行。师春秋七十有六，年二十四传衣，三十九祝发，说法利生三十七载，得旨嗣法者四十三人，悟道超凡者莫知其数。达摩所传信衣，中宗赐摩衲宝钵，及方辩塑师真相，并道具等，主塔侍者尸之，永镇宝林道场。流传《坛经》，以显宗旨。此皆兴隆三宝，普利群生者。

师入塔后，至开元十年，壬戌八月三日，夜半忽闻塔中如拽铁索声。众僧惊起，见一孝子从塔中走出，寻见师颈有伤，具以贼事闻于州县。县令杨侃，刺史柳无添得牒切加擒捉。五日，于石角村捕得贼人。送韶州鞠问。云姓张，名净满，汝州梁县人，于洪州开元寺，受新罗僧金大悲钱二十千，令取六祖大师首，归海东供养。柳守闻状，未即加刑，乃躬至曹溪，问师上足令韬曰："如何处断？"韬曰："若以国法论，理须诛夷。但以佛教慈悲，冤亲平等。况彼求欲供养，罪可恕矣。"柳守加叹曰："始知佛门广大。"遂赦之。

上元元年，肃宗谴使就请师衣钵归内供养。至永泰元年五月五日，代宗梦六祖大师请衣钵。七日，敕刺史杨缄云："朕梦感能禅师请传衣袈裟却归曹溪，今遣镇国大将军刘崇景顶戴而送。朕谓之国宝,卿可于本寺如法安置,专令僧众亲承宗旨者严加守护,勿令遗坠。"后或为人偷窃,皆不远而获,如是者数四。宪宗谥大鉴禅师,塔曰元和灵照。其余事迹,系载唐尚书王维、刺史柳宗元、刺史刘禹锡等碑。守塔沙门令韬录。

在这最后一段中,六祖一方面对禅宗的法统作了交待,另一方面,可以说再一次重复了《坛经》的要点。禅宗为什么会流传一千余年,并且长盛不衰,与六祖大师这里的付嘱有极大的关系。大家有兴趣可以看看《五灯会元》和《五灯全书》的目录,从六祖并始,师师相授,灯灯相续,到清代康熙年间就传了近四十代,传到现代约五十余代。禅宗这样严密的传法谱系,在宗教中可以说是绝无仅有的。佛教内的其他宗派,法系传承经常中断,难以接续,都没有形成这样的局面。日本的禅宗也很兴盛,他们在宋代于中国接法后,仍然按照中国禅宗的规矩传法,也奉六祖为祖师。当然,在朝鲜、在越南,禅宗的传法与日本也是相类似的。

为什么禅宗有如此之大的凝聚力量,这就不得不归功于《坛经》,归功于六祖大师。在古代的中国传统是稳定而强大的,在传统中找不到依据或依据不足的宗派或学派,哪怕取得了一时的显赫,也会很快为人们所淡忘,因为传统本身就是一种力量和信誉的积聚。六祖大师在这里建立了自己的法统——传法之统。六代传法当然确有其事,但六祖更把这个法统上溯到释迦牟尼佛，使自己有了绝对牢固的依据，而优越于其他宗派。以后，天台、华严、净土、密宗等也纷纷仿效，试图建立自己的法统，但都远不如禅宗的牢固，如天台宗在《佛祖统纪》中所做的努力那样。因为把法统上溯到释迦佛并不难，难的是在现实的社会中，该宗派是否有能力维系这个法统，历史表明了在这上面最成功的只有禅宗。"不立文字，教外别传，直指人心，见性成佛"，禅宗的这一旗帜，在中国佛教徒中有不可抗拒的吸引力。由于其简捷易行，故易受僧人和士大夫们的尊信和奉行，为自己建立了广阔的传布空间。所以，在六祖之后短短百余年间，禅宗不仅承受了唐武宗灭佛运动的打击，而且迅速形成了五宗竞荣的局面，成为中国佛教的主流。当然，对于禅宗的法统，教下各大宗派是有异议的，但却无力动摇社会的承认，最后也只好随波逐流了。关于禅宗法统，本身就是一门大学问，在藏经中有不少专著，这里只是提示一下，这个专题，还是留给这方面的专家去讨论吧。

　　一个宗派的发展和繁荣，仅靠法统是不够的，它本身还应具有超凡的实践力量和普遍性。对于这一点，也是其他宗派所不能比拟的。自己就是佛，"自修、自行、自成佛道"，六祖大师归结的这一总纲，就圆满地解决了这一问题。六祖在这一段中所阐述的，是整部《坛经》的浓缩，你看："若识众生，即是佛性，若不识众生，万劫觅佛难逢。吾今教汝识自心众生，见自心佛性"，"自性若悟，众生是佛；自性若迷，佛是众生；自性平等，众生是佛，自性邪险，佛是众生。"不论因

也好，果也好，六祖把佛与众生放在平等的地位上，放在每一
个人的身上，消除了一切差距。所以，每一个人，只要你发
心，只要你按照六祖的开示去修，去行，你的解脱是没有问题
的。所以你看祖师们，他们是那样的自信，那样的洒脱，那样
的自在，为什么呢？他们见到了这个，尝到了这种无上的法
乐，当然是信心百倍了。大家已经知道了，在《坛经》中，不
论六祖千说万说，实际上只说了一句话，这就是"但用此心，
直了成佛"，什么是"此心"，就是我们大家人人都有的这个
心，对这个心，你不能把它推到一边，也不能把它推到未来。
就是现在你能思、能想、能作、能为的这个心、这个念啊！有
的人说："我们现在这个心是凡夫心，怎么能与佛心相比
呢？"错了，若说你心上的那些善恶是非，当然是凡夫，不能
与佛的光明相比。但你那个能善能恶，能是能非的作用，恰恰
就是佛性，佛在这上面并不比你多个什么。所以六祖说："汝
等的心若险曲，即佛在众生中。"但是，你若一念返照，直心
而往，"一念平直，即众生是佛"。对这一段，我建议大家能
够背诵，因为全部《坛经》二万多字，背完有困难，也没有必
要，这一段仅两百多字，又好记，背熟了，天天对照着修行，
久了必然会得受用。修行是一个整体，《坛经》这一段可以说
是主心骨，你在这上面有了受用，你就稳得住了。另外，不要
因为禅宗说"不立文字"你就不读经了，这样不行，对佛的经
论，我们要学、要看。三藏十二部太多了，可以选择一些学
学。如《百法明门论》、《大乘五蕴论》、《八识规矩颂》、

《三论》和《大智度论》。看了这些，你对唯识法相，对中观般若的知识就有了基础。同时，应经常诵读《金刚经》、《楞伽经》。这两部经都是禅宗用来印心的，你的修行对不对，就可以用这两部经来检验。再如《楞严经》这部经在历史上很受中国知识分子的欢迎，对学佛的人帮助很大，应该读。再如《文殊菩萨所说般若波罗蜜多经》、《维摩诘经》，都是极好的。在这些基础上你再读《华严经》，你的境界就会改观，就会得到极大的力量。

禅宗讲顿悟，讲不立之字，在顿悟这一刹那，的确是"言语道断，心行处灭"的，正如六祖所说是："外无一物而能建立"的。但在悟之前，如果你又没有多少佛教知识，那么你还是要多学点佛教经论，作为自己的资粮。你如果悟了，那更要广学万法，一方面验证自己的悟境，另一方面是广度众生，圆满功德。不能把"不立文字"和佛教经论对立起来，那是"二"，不是"不二"，所以祖师说："实际理地，不受一尘，万行门中，不舍一法"。总之，你不要执著，既不能执著于经论，也不能执著于"不立文字"。要时时刻刻，行住坐卧，在工作中，在生活中做到"无动无静，无生无灭，无来无去，无是无非，无住无往"，你就可以"识自本心，见自本性"。这里，并不是要你放弃正常的工作，还应把你的本职工作搞得更好。六祖所说的"但识众生"，就是"佛法在世间，不离世间觉"。本职工作都搞不好，你"觉"个什么呢？"无动无静"这一套功夫，就在你全部的工作生活中啊！大家一定要明确这点。功夫就在你的喜怒哀乐之中，佛性就在你的七情六欲及种种烦恼之中。"正见自除三毒心，魔变成佛真无假"。有些人修行，闭门不出，不问世间，看上去貌似清净，但到红尘中一来却过不了关，八风一吹，痛苦就来了，更谈不上力量。所以祖师们经常强调世间这个"大冶洪炉"，就是要在其中百炼成钢，成就无上金刚。我们提出"人间佛教"的道理就在这里。一方面，我们要在烦恼中断烦恼，在烦恼中证菩提。另一个方面，这个世间不太平，苦难太多了，菩萨要度化众生，离开了这个世间哪里去找众生呢？禅宗就是要你在世间锻炼，要你在烦恼中滚打。"若向性中能自见，即是成佛菩提因"，"性中各自离五欲，见性刹那即是真"。六祖处处都在强调这点。所以说学佛学佛，就是要懂得烦恼是怎么回事，你懂了，你就是烦恼的主人，你就得解脱和自由；你不懂，你就是烦恼的奴隶，你就得不到解脱和自由。

《坛经》我们大致就学到这里。学习结束了，我仍然很感慨，这么好的法，这么伟大的力量，为什么今天留意的不多呢？《坛经》不仅是中华民族文化的精品，也是世界文化的精品，是全世界的骄傲。我们大家能聚在一起共同学习，的确因缘殊胜。大家回到各自的岗位上，望能继续学习，有所提高，若其中能有人开悟，则是这次法会的一大喜事了。

谢谢大家。

后　记

　　1990 年 11 月，四川省佛教协会等单位在成都举办讲习班，由贾老宣讲《坛经》要义，历时二十余日，听讲的来自全国各地，共 100 余人。讲习班结束之后，引起了各方面的关注，纷纷索要贾老的讲义。但贾老此次宣讲，没有讲稿，所以我们只得组织人力，整理当时的讲课录音。经过诸君努力，历时半年多，终于得以呈现在读者面前。

　　本讲义，主要由冯学成同志整理，参加工作的还有严永奎、刘蜀西、胡俊、何光明、李政、万长安等同志，在此一并致谢。

　　在这里，特别要说明的是：稿成之后，正值贾老生病住院，不能对全稿进行审阅，加之我们水平有限，错漏之处难免，望读者见谅。

一九九三年四月二十日